徹底反復研究会叢書 ②

安心と安全を創る
教室インフラ

著　鈴木夏來
監修　陰山英男

中村堂

「徹底反復研究会叢書」発刊にあたって

　私が学級担任をしていたとき、日々さまざまな実践をしてきました。漢字や計算のみならず、社会や理科、音楽や体育まで、いろいろなことにチャレンジしてきました。そうした実践の中で、ある一定のコツのようなものをどの実践にもエッセンスで入れることによって、非常に大きな教育効果が得られるようになってきました。

　そのコツとは。
　「決められたことを単純な方法で、徹底的に反復する」－そのことに尽きたのです。
　やるべきことは限られているので多くはありません。やるべき基本的なことを徹底的に反復させます。その学習が定着してくると、その瞬間から子どもたちは私の予想を超えて伸びていきました。そして、子どもたちが主体的に学ぶように変わっていきました。

　一方、反復の重要性はどんな場面でも強調されていますが、実際には2、3回繰り返されるだけで終わってしまい、徹底的にやりきるまではなされていませんでした。反復を徹底的に行うことは意外とやられていなかったため、子どもの劇的な成長が極めて限定的なレベルまでしか見られなかったのです。そのため、子どもの成長は、私が徹底反復の指導によって見た劇的な成長ではなく、一般的に言われる、「子どもレベルのもの」と軽く見られるようになってしまったのです。

　言いたいことは一つ。反復ではない。"徹底"反復なのです。

　私が徹底反復学習を実践してきて以降、多くの教師によってさまざまな場面で応用され、多くの子どもの成長を生み出してきました。
　私は、徹底反復の指導の具体を明らかにすることによって、新しい時代の新しい可能性を、その実践の中から提案していきたいと思うようになりました。

　そしてこのたび、私が代表を務める、まさしく、この徹底反復学習を日々の教育実践に取り入れ活動している研究団体、「徹底反復研究会」に所属している教師たちが、新しい可能性につながる実践を書籍にまとめ、シリーズとして発刊する運びとなりました。
　一つ一つの実践の中に貫かれる徹底反復の哲学。多くの方がこの本からそれを学んでいただけることを願っています。

2014年4月1日　徹底反復研究会代表　陰山英男

はじめに

「夏來先生の教室は、なんだか分からないけど、落ち着くんだよな」
先輩教師が、私の教室を見渡しながら、そう言いました。
「よしっ！」
私は、心の中で叫びました。
教室には、**落ち着かざるを得ない仕掛け**が詰まっていたからです。
この仕掛けを「教室インフラ」と呼び、今回紹介することにします。

本書の主な対象者

・不安ばかりで、なかなか安心できない人
・忙し過ぎて、時間があまりない人
・机の上に物があふれている人
・片付けねばならないのは承知しているが、物を捨てるのは心苦しい人
・「きれい好き」な人が苦手な人
・めんどくさがり屋の人
・やる気だけは人に負けないという人
・やる気はあるが、方法を知らない初任者・若手
・教室環境について、勉強したい幼稚園・保育園の先生
・「忙しいので教室整備は後回し」と思っている先生
・「安全な教室は、自由や創造性に欠ける」と思っている先生
・仕事を早く終わらせ、プライベートや自分の時間も大切にしたい先生
・教室整備よりも、教材研究や子どもとの対応に時間をかけたい先生
・子どもの引き出しの中がぐちゃぐちゃになっている先生
・我が子の机、引き出し、道具箱の中がぐちゃぐちゃで悩む保護者

なお、教室を整備しようがしまいが、クラスがうまくいく先生もいます。
（本当に羨ましい限りです）
そういう先生は、必要ないかと思います。

はじめに

セット、フルコースはもちろん、つまみ食いも大歓迎。
紹介事例は、あくまで一例です。
今回紹介した図や写真は、過程の紹介に過ぎません。
「Ａをしなさい」と書いてあるのに、他ページでは
「Ａをやっていない」「Ａができていない」ということが多々あります。
矛盾しているではないか！　と思うかもしれませんが、ちょっと違います。
失敗を重ね、日々改良を加えながらやってきたので、
「その時点ではＡをやっていなかった」「Ａがまだできていなかった」
というのがより正確な見方だと思います。
「Ａをしろって偉そうに書いてあるけれども、できていなかったんだな」
と、笑い飛ばしたり、安心したりしてもらえれば幸いです。
失敗談も含め、参考にしてもらえればと思います。

紹介事例について、その全てをやる必要は、全くありません。
できるところから、できるところだけ、つまみ喰いするのもＯＫです。
もちろん、つまみ喰いではなく、セットやコースによって、
より効果を発揮できる事例もあります。
紹介事例よりも、良い方法もきっと多々あるはずです。
私はもっと良い方法を、今この現在も、貪欲に求めています。

自分の教室を中心に紹介しましたが、
同学年の教室や廊下、後輩や仲間の教室についても紹介しています。
学級や学年、地域の実態に合わないこともあるかもしれませんが、
それでも参考になることがあると思っています。

本書が多くの皆様の助けになることを願っています。

　　　　　　　　　　　　　平成27年（2015年）2月1日　　鈴木夏來

徹底反復研究会叢書②
安心と安全を創る 教室インフラ
もくじ

「徹底反復研究会叢書」発刊にあたって……3
はじめに……4

第Ⅰ章
教室インフラ整備　理論編　　　　　　　11

1. 物が揃えば心も揃う……12
2. 教室インフラ整備にテクニックは要らない……14
3. 「安全第一」は、安心で得することばかり……16
4. 教室インフラ整備は、元に戻りにくい……18
5. 教室インフラ整備で、教室の調子を整える……20

第Ⅱ章
教室インフラ整備　実践編　　　　　　　23

1. 壁面①　「左右」ではなく「上下」で仕切ろう……24
1. 壁面②　上部は教師のみ操作、下部は子ども「も」操作……26
1. 壁面③　壁面掲示物の「擬態」……28
1. 壁面④　「擬態」のコツ　壁と色画用紙を合わせる……30
1. 壁面⑤　「擬態」を利用し、教室を広く見せる……32
1. 壁面⑥　安全確認「手で見る」……34
2. 掲示物①　紙ファイルによる掲示……36
2. 掲示物②　画鋲の使い方①　一覧表で留め方比べ……38
2. 掲示物③　画鋲の使い方②　垂直留め……40
2. 掲示物④　画鋲の使い方③　斜め留め……42
2. 掲示物⑤　2段クリップ①　厚紙でインフラ整備……44
2. 掲示物⑥　2段クリップ②　最上段は3点留めで……46
2. 掲示物⑦　クリアポケットによる掲示①　立て掛け型掲示……48
2. 掲示物⑧　クリアポケットによる掲示②　少量複数枚……50

3	物の管理①	ボール入れとボール……52
3	物の管理②	絵の具セットの攻略法……54
3	物の管理③	上履き・体育館履き① 混在を防ぐ……56
3	物の管理④	上履き・体育館履き② 上履き袋の保管……58
3	物の管理⑤	上履き・体育館履き③ 体育館履き袋の保管……60
3	物の管理⑥	白衣 担当箇所の明示で、トラブル回避……62
3	物の管理⑦	全方面に名前……64
3	物の管理⑧	「両側面」記名で検索スピードアップ……66
3	物の管理⑨	両側面「名字」で、きょうだい兼用やお下がりも安心……68
3	物の管理⑩	上下逆さファイルで検索＆片付けスピードアップ……70
4	窓側①	落下の防止と、可能性の除去……72
4	窓側②	足場の除去……74
5	昇降口①	履き物を揃えると 心も揃う……76
5	昇降口②	履き物の揃え方……78
5	昇降口③	傘立て ～忘れ傘・持ち主不明傘の防止～……80
6	黒板①	黒板とチョーク それぞれの場所……82
6	黒板②	黒板とそのまわり……84
6	黒板③	マス目を描いてみよう（前編）……86
6	黒板④	マス目を描いてみよう（後編）……88
6	黒板⑤	黒板マス目のプラスα ～横書き・縦書き仕様～……90
6	黒板⑥	黒板マス目とノートの一体化……92
6	黒板⑦	黒板マス目の罫線利用と適宜無視……94
6	黒板⑧	日付と日課のカスタマイズ……96
6	黒板⑨	黒板Ｑ＆Ａ……98
7	時計①	60進法を「5とび」で表示……100
7	時計②	デジタル時計との併用を……102
7	時計③	さんすう時計の活用……104
8	掃除用具入れ フックには用具の名称と絵を記入……106	
9	机・椅子①	教室の両脇にもスペースを……108
9	机・椅子②	横にも水路を作ろう……110

9	机・椅子③	詰まりそうになったら、広げて流す……112
9	机・椅子④	丸付けの一方通行は、黒板が見えるように……114
9	机・椅子⑤	横の流れに乗って、ショートカット……116
9	机・椅子⑥	椅子と雑巾……118
9	机・椅子⑦	下校時の机・椅子がまっすぐ……120
9	机・椅子⑧	子どもの机は、まな板と同じ……122
9	机・椅子⑨	まな板の上では、一つずつ切るのがベスト……124
9	机・椅子⑩	スッキリメモリ ～学級通信より～……126
9	机・椅子⑪	落書き落とし……130
9	机・椅子⑫	床の目印……132
10	番号の配置と並び順の向き……138
11	一場一物①	フックとひも……148
11	一場一物②	赤白帽子の有無で、外遊びの人数等が分かる……150
11	一場一物③	物が見えないと、子どもも見えない……154
12	手紙・プリントの配布①	家庭実数と「お家マーク」……156
12	手紙・プリントの配布②	責任者方式（列貫通配布）……158
12	手紙・プリントの配布③	責任者方式（グループ散弾銃配布）……160
12	手紙・プリントの配布④	欠席児童への配り方……162
12	手紙・プリントの配布⑤	手紙は山折りで検索スピードアップ……164
12	手紙・プリントの配布⑥	黒板にずらり「干物型」配布……166

第Ⅲ章
プラスとマイナスの教室インフラ整備　169

1	教室環境整備には、足し算と引き算がある……170
2	教室は人の体と同じ……172
3	足し算の整備①	想像画を創造する 「不思議な魚」……174
3	足し算の整備②	1年生の卒業制作「貼り絵」……176
3	足し算の整備③	図工作品のリズム化……180
3	足し算の整備④	全校リズム・ボーナス……182

第Ⅳ章
教室インフラ整備と仕事術　　187

1. あなたの「脳内メモリー使用率」は、何％？……188
2. 外付け棚でメモリー増設……192
3. 外付け棚はチェックリスト……194
4. 後方棚で学級メモリーを診断……196
5. 後方棚を子どもたちの増設メモリーに……198
6. 後方棚を子どもの作品「仮」置き場に……200
7. 後方棚の廊下側は「その日に持ち帰る物」……202

おわりに……204

第Ⅰ章

教室インフラ整備
理論編

第Ⅰ章　教室インフラ整備　理論編

1 物が揃えば心も揃う

目に見えない人の心を揃えようとしても、それは難しいこと。
目に見える物であれば、揃えることができます。

心は見えない、揃えられない。物ならば見える、揃えられる。

高熱を出して寝込んだ小さいときのことを、思い出してください。
枕やシーツのしわが気になったことはありませんか。
押し入れの半開きの戸。
本棚に斜めに並んだ本。
それらが、どういうわけか、気になって気になって、眠れなかった。
眠りたいのに、休まなければならないのになぜか、眠れなかった。
そんな経験はありませんか。

子どもたちだって静かにしたい。
落ち着いて授業を受けたい。

きっと、そうであるに決まっています。
しかし自分の意志では静かにしたいのに、そうできない自分がいる。
だから子どもは苦しいのではないでしょうか。

クラスに落ち着きがないとき、教室は雑然としてきます。
雑然としていると余計に、子どもは落ち着かなくなります。

教室環境の乱れと、子どもの落ち着きの無さ。
どちらが先にあるのか私には分かりません。

しかし、乱れた心の状態を投影したものが、
目の前に広がる教室環境だとするならば―。
それらを意図的に美しく、整然とした状態にすることで、
心もまた、健全な状態を取り戻すことができるのではないでしょうか。

高熱を出したときのことを思い出してください。
物の乱れが気になって仕方ないのであれば、
気が済むまで揃えればいいのです。
健康なときなら気に留めずに済んだのでしょうが、
そうでないときにはやはり、揃えて落ち着くよりありません。

「物が揃えば、心も揃う」

これは私の信条です。
子どもが落ち着かないなと思ったときは、
目に見えない子どもの心をなんとかしてみせようなどとは思わずに、
いま目の前に見える物を揃えることを心掛けてください。
履き物、椅子や机の向き、ランドセル、本、ファイルなど、
揃えられる物であれば、何でも構いません。
それらを揃えさせると不思議なことに、子どもの心までも揃ってきます。
「何を馬鹿げたことを」
と思うのであれば、馬鹿げたような些細なことですから、
まず試しにやってみてください。
子どもたちも必ずや、落ち着きを取り戻すでしょう。

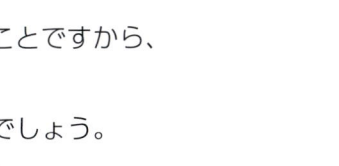

第Ⅰ章　教室インフラ整備　理論編

2 教室インフラ整備にテクニックは要らない

教室インフラ整備とは、自分のペースで行う事前準備のことです。
即興のテクニックなしで、その効果を発揮します。

いつでもできる、誰でもできる。

教室のインフラ整備に、テクニックや経験、勘は必要ありません。
教師個人の授業センスやキャラクターも、全く関係ありません。
準備する時間と、興味さえあれば、誰にでもできます。
初任者、経験の浅い先生も、やれば効果を発揮します。
好きなときに、自分のペースで。
少しずつ、徐々に整備することが可能です。

教室インフラ整備	〇〇で例えると	授業技術・技量
定置網・仕掛け	漁・釣り	一本釣り・竿さばき
罠・トラップ	狩り	刀剣さばき、弓矢さばき
陣形・隊形	戦い	一騎打ち・白兵戦
点検・整備 バックモニター設置 オートマ車	車の運転 車の車庫入れ 車のギア	ハンドルさばき 経験、勘、車幅感覚 クラッチさばき
土づくり、日当たり	バラを育てる	剪定
土づくり、ハウス	野菜を育てる	追肥、水やり
流し掃除、 調理台スペース作り、 事前の包丁研ぎ	料理	火加減、包丁さばき、 味見、盛りつけ

アドリブが苦手なあなたに。

私も、授業名人と呼ばれる先生の授業に憧れたことがあります。
同じようにやってみるのですが、やはりうまくいきません。
子どもたちの「つぶやき」を即興で拾ってみせたり、
延々と続く激しい指名なし討論を展開させたりすることは、
なかなかどうして、できないものです。
「そりゃ、そうですよ」
名人も、周囲も、そう言います。
長年の経験と、それに裏打ちされた勘。
努力の上に努力を積み重ねなければ、辿り着けない世界。

「戦わずして、勝てる！」

即興テクニックに乏しく、アドリブの苦手な私は、
いかに事前に準備するか、ということに興味を持つようになりました。
そして、準備さえすれば、うまい仕掛けさえ作ることができれば、
後は自動的に流れる物事があることを知りました。
子どもを動かしたり、落ち着かせたりすることについても、できる―。
教師の腕さばきや、持ち前のセンスがなくても、勝つ方法がある―。
そう確信を持つようになったのです。

定置網の模型（石川県海洋漁業科学館）

第Ⅰ章　教室インフラ整備　理論編

3 「安全第一」は、安心で得することばかり

安全への配慮と、教室のインフラ整備は矛盾しません。
安全を心掛けるほどに、機能的で美しい教室となるでしょう。

安全を心掛ければ、教室はシンプルになる。

教室は一にも二にも、安全であることが大切です。
安全への気配りができれば、教室は自ずと機能的で美しくなる―。
安全が担保されれば、子どもたちも安心する―。
良いことばかりになると思っています。

実践編で触れる、教室インフラ整備の具体例は、
基本的にどれもシンプルで、美しくなることを心掛けています。
　（もちろん、例外もあります）
シンプルであれば、そこに危険が隠れ込む可能性は下がります。
シンプルであれば、危険が見つけ易くなります。
シンプルであれば、万が一の対処も、迅速にできるでしょう。

事故は、教師の「子ども性善説」で起こる

教師は子どもに無限の可能性を信じています。
教育は、子どもの性善説を前提に成り立っているところがあります。
私ももちろん、子どもの性善説に立つ人間の一人です。
ところが、性善説に立っていると、痛い目に遭うこともしばしば。
　「子どもたちが、そんなことをするはずはない」
　「私は子どもたちを信じている！」
信じることでつい、盲目になってしまいがちです。

たとえばクラスがたいへん落ち着いているからといって、
刃物や尖り物を教室に置きっぱなしにしていたら、どうなるでしょう。
たしかにクラスの子どもたちは先生を信頼しています。
刃物や尖り物を教室内で見つけたとしても、何もしないでしょう。
ところが、です。
委員会活動、雨天時のクラブ活動、集団下校の打ち合わせ等で、
あなたのクラスには、異学年の子どもが入ってきます。
そしてたまたま刃物や尖り物を見つけ、手にすることだってあるのです。
元気な子どもたちがその尖り物を持って、
先生のいない教室でふざけて振り回す姿を想像してみてください。

起こり得る可能性が残されている限り、
起こって欲しくないことは、不思議と起こるものです。

子どもたちを信じるか信じないか、ではなく、
そこに危険の可能性が潜んでいる限り、起こることを前提に考える。
これが「性悪説」です。
実践編では「性悪説」によるインフラ整備も、いくつか紹介しています。
優しさと厳しさ、両方の観点で考えて欲しいと思います。

第Ⅰ章 教室インフラ整備 理論編

❹ 教室インフラ整備は、元に戻りにくい

教室のインフラ整備は、1年で崩れるようなものではありません。
一度できれば、元に戻ることなく、ずっと使えます。

教室インフラ整備は、揺るがぬ山のごとし。

担任が替われば、子どもが変わり、クラスも変容します。
たいへんだったクラスに、すぐれた先生が担任として入ることで、
子どもたちもクラスも向上するということです。
これを保護者は「当たり」の先生と呼んだりします。
では翌年度「ハズレ」の先生が担任になったら、どうなるでしょう。
そうです、たいていの場合、元に戻ります。
いわゆる「元に戻る」という業界用語です。

「今回は当たった」とか「おたくはハズレね、お気の毒に」とか、
毎年まいとし、保護者もクラスも ぐらぐら揺れてばっかり。
担任の先生次第で、子どもが良くも悪くもなるのであれば、
「ハナから子どもは自分自身で成長することができない」
と、認めたことになりはしませんか。
子どもの主体性なんて、これっぽっちもないじゃありませんか。

「元に戻らない」ことができてこそ、
本物なんじゃないかって、いつもそう思っています。
教室のインフラ整備は、「元に戻らない」ための具現策です。
技術が必要ありませんから、引き継ぐのが簡単。
人が引き継いでいなくても、残った「物」が引き継いでくれます。
インフラ整備とは、基礎基盤の構築のこと。
できあがったインフラは、基礎基盤だけに、なかなか揺るぎません。

しっとり

初声小学校　1年1組　学級通信(不定期発行)　NO.30　平成23年12月22日

脱・ドリンク剤。

「子どもが元に戻る」
という、あまり良くない意味のことばを　先輩教師から聞いたことがあります。
元に戻る。いったいどういうことでしょうか。

教育熱心で勉強家の先生がいたとしましょう。
その先生のもとクラスは安定。授業は楽しく、雰囲気も良し。
子どもも親もその教師に信頼を寄せ、すばらしい1年を送ったとします。
ところが担任が変わり。
わが子の成績が落ちた、絵や作文が下手になった、ノートが乱雑になった、
運動しなくなった、すすんで働かなくなった、笑顔を見せなくなった…
学級担任が変われば、子どもは本来の姿に戻りますよ、というのです。

栄養ドリンク、ドリンク剤を飲めば、一定時間　元気になりましょう。
眠気や疲れだって、たしかに吹っ飛びます。
しかし、効果は数時間からせいぜい1日程度。
時間が来れば、元の自分に戻ります。
栄養ドリンクそのものには、体を強くする効能はないのです。

担任教師は―。　子どもにとって、ドリンク剤なのでしょうか。
わが子はそれまでと変わったように見えた。そう思えた。
しかしドリンクが切れれば　また、元通り。
勉強しなくなる。だらしなくなる。努力をしなくなる。
「1年間、いい夢を見させてもらったなあ」
それじゃあ意味がないではありませんか。

この子たちとも、あと3ヶ月でお別れ。
ドリンク剤で一時的に元気にするのではなく、芯から強い子どもを育てること。
これが私の、数年来の課題でした。
もじゅーる、初小文章題、初小視写、ウミモンカード。
これらは「脱・ドリンク剤」の、私の答えなのです。

(しっとり)

第Ⅰ章　教室インフラ整備　理論編

5 教室インフラ整備で、教室の調子を整える

パソコンと教室は、よく似ています。
新しいパソコンはよく動き、新しい教室はやる気に満ちていますが…

新年度の教室と、新しいパソコン

奮発して、パソコンを買ったとします。
インターネットを見ようが、音楽を聴こうが、よく動きます。
文書も写真も動画も、保存・鑑賞・編集のし放題です。
ところが…しばらく使っていると、動きが鈍くなってはきませんか。
画面が白っぽくなって、動かなくなることが多くなってくるはず。
もう何年も使っているから動きが鈍くなったのでしょうか？
理由はそれだけでしょうか。

教室は、パソコンと非常に良く似ています。
年度当初の教室は、掲示物も荷物もなく、すっきりしていたはず。
子どもはそんな教室に、新鮮さを感じ、やる気を持ちます。
ところが教室に物が溢れ、狭くなってくると、
呼応するように、子どもたちの心も徐々に窮屈になっていきます。
こちらが指示を出しても、きびきびと動くことはできません。
落ち着きに欠け、集中力も以前よりなくなってきています。
これは、教室の整備を怠ってきたことに関係がありそうです。

パソコンの場合、作業机であるメモリーがいっぱいになると、
動きが鈍くなったり、止まったりすることがあります。
容量の大きいデータを大量に保存したり、
　「便利だから」と、たくさんのソフトをインストールしたりすると、

コンピュータの調子が悪くなってしまうのです。
調子が悪くなったパソコンは、大量の重いデータを消去したり、
メモリーの空き容量を増やしたりすれば、解決に向かうことができます。
教室にも同じことが言えます。

教室の調子を整えれば、子どもの調子も整う。

「子どもたちのために、教室を明るく楽しく飾っていきたい」
教師ならば誰でも、そう願うものです。
しかし、教室のスペースには限界があるにもかかわらず、
「いくらでも飾れる」「まだまだ入る」と私たちは思いがちです。
何も貼らないのは寂しいからと、いろいろな掲示物を至るところに貼り、
荷物は次から次へと引き出しや棚に入れていきます。
壁の掲示スペースがもうないことに気づくと今度は、
黒板の両脇や、黒板の下の壁、入り口の扉、窓ガラスの上から下、
廊下の上段の窓や壁、廊下をはさんだ向かいの窓や壁面にまで貼ります。
本来貼るべきではないところに貼っていますから、
当然、子どもが触わったり、ぶつかったりして破れ始めます。
九九表や当番表が、破られたまま貼りっぱなしになっていませんか？
破損した掲示物を放置しておくと、さらなる教室の荒れを誘発します。
「破れ窓理論」です。
教室を飾るのは大切なことですが、ベタベタと貼り過ぎては台無しです。
教師の机の上は、教科書やプリントでごった返していませんか。
棚の上には、図工作品や段ボール箱が置いたままになっていませんか。

調子が悪いパソコンは、いざとなれば買い換えれば済むことです。
しかし教室の場合、買い換えはできません。
似ているようでパソコンと教室は、その点が全く違います。
自分で教室の調子を整えるよりないのです。
本書はその方法を紹介しています。

第Ⅱ章

教室インフラ整備
実践編

第Ⅱ章　教室インフラ整備　実践編

1 壁面①
「左右」ではなく「上下」で仕切ろう

壁面の掲示について数種類の作品を飾る場合、
左右に並べて飾るのではなく、上下に並べて飾りましょう。

横長の面を、さらに横に切る。

教室の壁面や廊下の壁面に、児童の作品を複数掲示する場合、
それぞれの作品スペースについて、
壁面を左右ではなく、上下に仕切りましょう。

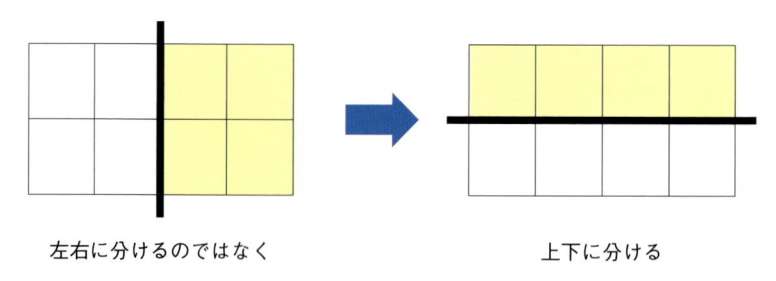

左右に分けるのではなく　　　　　　上下に分ける

左右と上下、今まであまり意識せずに飾っていたかもしれません。
とりあえず、空いているスペースがあったから、
そこに作品を貼っていっただけなのかもしれません。

横長の壁面をさらに横に切るのは、けっこう難しいこと。
しかしこれからは、上下に分けて飾っていきましょう。
スペースを上下に切り、目的に応じて区別しながら貼っていきます。
これにより、安全で、スピーディーな掲示が可能になります。
貼り替えも面倒ではなく、楽しい作業となるはずです。

教室後方の壁面

上段は、年間を通じて貼っておくものを。

棚の上に乗らねば届かない位置。
貼るのがたいへん。
はがすのもたいへん。
棚の上から落ちたら、危ない。

したがって、貼り替え頻度の低いものを飾りたい。

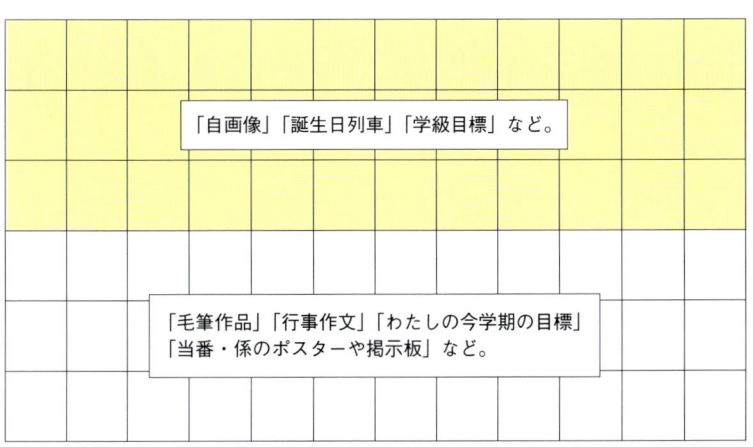

高いところ

「自画像」「誕生日列車」「学級目標」など。

「毛筆作品」「行事作文」「わたしの今学期の目標」
「当番・係のポスターや掲示板」など。

下段は、よく貼り替えるものを。

背の高い教師なら、手を伸ばせば届く位置。
あるいは、椅子に立てば、届く位置。
貼るのも、はがすのも、棚の上に乗るのに比べれば 苦ではない。
安全に掲示ができる。

低いところ

もしも飾る場所の上下が逆だったら、たいへんなことになるだろう。
左右に分けても、棚の上に乗ったり降りたり、やはりたいへん。

1 壁面①「左右」ではなく「上下」で仕切ろう

第Ⅱ章　教室インフラ整備　実践編

1 壁面②
上部は教師のみ操作、
下部は子ども「も」操作

壁面上部は、教師のみ掲示操作ができます。
一方下部は、子どもも主体的に掲示することが可能です。

高いところは、子どもの手が届かない。低いところは、届く。

壁面の掲示物について、高いところにあるものは、
子どもの手が届かない位置ですから、それを活かしましょう。

高いところの掲示

・教師が操作する。
・見やすいよう、大きな図や文字。
・子どもは見るだけ、さわれない。
・固定的・不易・保守的。
・拡大コピーされた当番表、画用紙に書かれた公式や話形など。

一方、低いところにあるものは、
子どもたちの手が届く位置ですから、ただ見るだけではなく、
子どもが積極的に関わっていくべきだと思います。

低いところの掲示

・子ども中心。
・子どもが見る、書く、貼る、はがす。
・細かい絵や文字。
・流動的・流行・創造的。

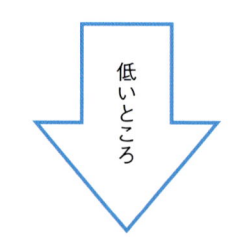

・〇〇会社、〇〇係、子ども掲示板、学級新聞、児童会だよりなど。

子どもの主体的で創造的な活動を促進しましょう。

廊下壁面掲示　高いところは教師、低いところは教師・子ども共有

上段は、子どもの手に触れにくいものを。

高くて届きにくいことを、逆手に取ってみたい。
廊下でふざけ合っている子どもが寄りかかっても、
つぶれたり、破損したりしないものを飾る。
高さによって、作品が守られる。

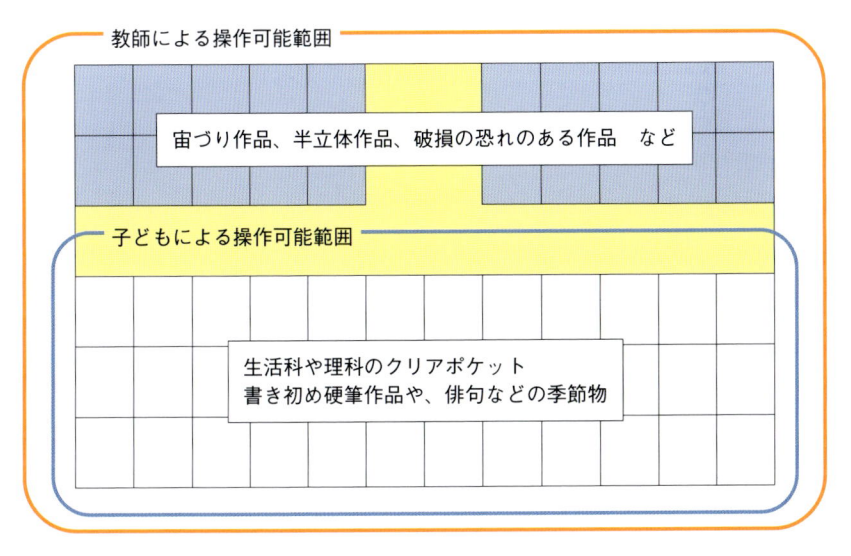

```
┌─ 教師による操作可能範囲 ──────────────┐
│  宙づり作品、半立体作品、破損の恐れのある作品　など  │
│                                              │
│  ┌─ 子どもによる操作可能範囲 ─────────┐ │
│  │                                       │ │
│  │  生活科や理科のクリアポケット          │ │
│  │  書き初め硬筆作品や、俳句などの季節物  │ │
│  │                                       │ │
│  └───────────────────────────────────────┘ │
└──────────────────────────────────────────────┘
```

下段は、子どもが自ら掲示したり、じっくり見たりするものを。

低学年の子どもでも、手に届く位置。
クリアポケットに、自分で観察カードを入れることができる。
掲示係や手伝いたい人が、画鋲を使って一緒に掲示できる。

廊下でふざけている誰かが、万が一作品にぶつかっても大丈夫。
平面作品なので、下に落ちることはあっても、
破損のリスクは少ないだろう。

> 第Ⅱ章　教室インフラ整備　実践編

1 壁面③
壁面掲示物の「擬態」

貼ってはいけない一方で、貼らねばならない指示もある。
この矛盾を解決するのが「擬態」です。

ふだんは見えない。注意すると見える。

「教室の前面はシンプルにしましょう」
「黒板の周りに物を貼ってはいけません」
そんな話を聞いたことがあるのではないでしょうか。
・前面に掲示物をべたべた貼っていると、子どもの注意が散漫になる。
・特に落ち着きのない児童は、前面の黒板に集中できなくなる。
・だから掲示物は前面ではなく、側面や後方に貼るべきである。

しかし、毎日の教室で悪戦苦闘する私は、こんなことを思いました。
「いや、落ち着きのない子は、そもそも前ばかり見ないんだけどな」
「校内研究でやっていることを、参考になるから前に貼れと…」

矛盾に苦しみ、生まれたアイディアがこちら、「擬態」です。

黒板前面に隠れている掲示物や物品、ど〜こだ？

はい、水色の囲みが掲示物です。
各目標、学級通信・学年通信、学校だより。
詩、声のものさし、ノートの取り方例、献立表、カレンダー、
マグネットの土台、小物や大なわとびを入れる袋…
いろいろな物が隠れていました。

近くで見ると、こんな感じ。
目立たないよう、見つからないよう　隠れている「擬態」。
その秘密は何でしょうか。

第Ⅱ章　教室インフラ整備　実践編

1 壁面④
「擬態」のコツ
壁と色画用紙を合わせる

水色、ピンク、黄緑、黄色、オレンジ、ブルーの掲示物。
そのまま貼っては、目立ち過ぎてしまいます。

色画用紙の色を壁の色と揃えると、掲示物が目立たなくなる。

「教室に掲示してください」といって配られる用紙。
担当の教職員は、コピー用紙ではなく、色画用紙に印刷し配布します。
また、学校便りや献立表は白いコピー用紙でも、
土台となる色画用紙に貼って掲示することが多いようです。
これらを そのまま貼っていくと、次のようになります。

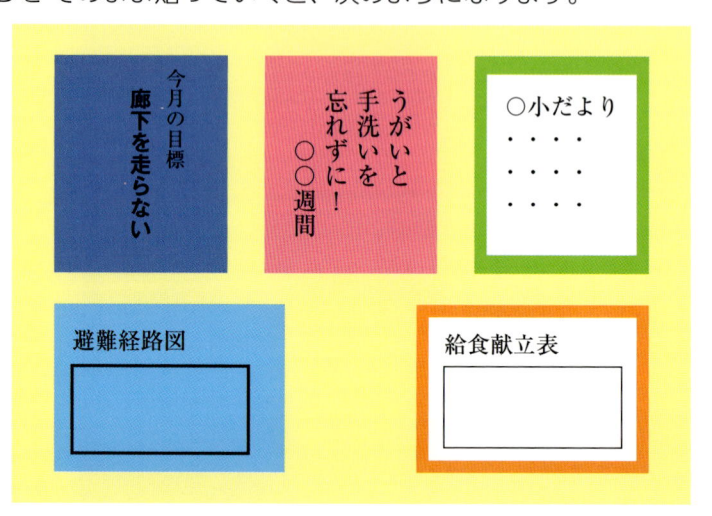

統一感が全くありませんね。
ごちゃごちゃしているので、たしかに子どもの集中力は削がれそうです。
作成・配布した教職員が別々なので、必然的にこうなります。

壁の色と、色画用紙の色を、似たような色にしてみてはどうでしょう。
配布されたポスターを、壁と似た色に印刷し直します。
土台となる色画用紙も、壁の色に似せてみましょう。

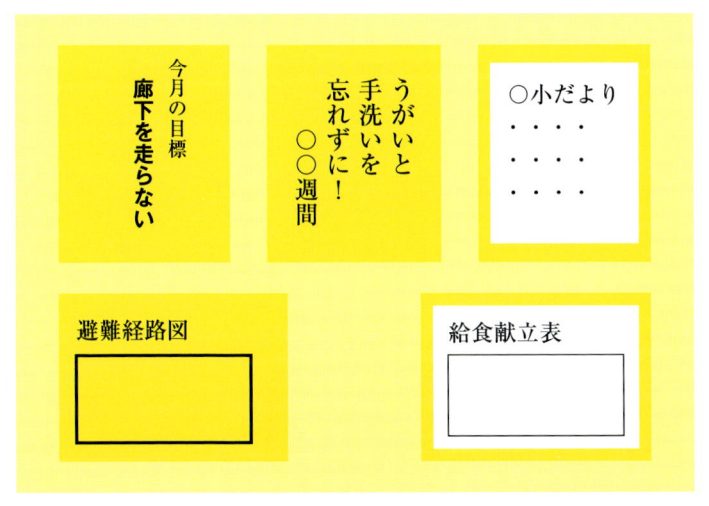

今月の目標	うがいと手洗いを	○小だより
廊下を走らない	忘れずに！○○週間	・・・・ ・・・・ ・・・・
避難経路図		給食献立表

（壁がクリーム色の場合、黄色・クリーム色・白などの画用紙を使用）

いかがでしょうか。
色画用紙の色を、壁の色と似せただけで、空間が広く感じられますね。
ごちゃごちゃした感じがなくなり、逆にリズムが生まれました。

今月の目標や避難経路は確かに貼るべきですが、
画用紙の色までは指定されていません。

必要なときだけ浮き上がり、普段は注意しないと見えないようにする。

このようなインフラ整備を私は「擬態」と呼んでいます。
先の教室前面は、擬態で掲示物を目立たないようにしていたのです。

第Ⅱ章 教室インフラ整備 実践編

1 壁面⑤
「擬態」を利用し、教室を広く見せる

色を揃えると、そこにリズムが生まれます。
リズムある壁面は、不思議と広く大きく感じられます。

色を揃えると、広く見えるという「ボーナス」がもらえる。

「壁の色がたまたまクリーム色だから、うまくいっただけでは？
うちの教室の壁は、黄緑、水色、うすピンクなどがあるのだが・・・」

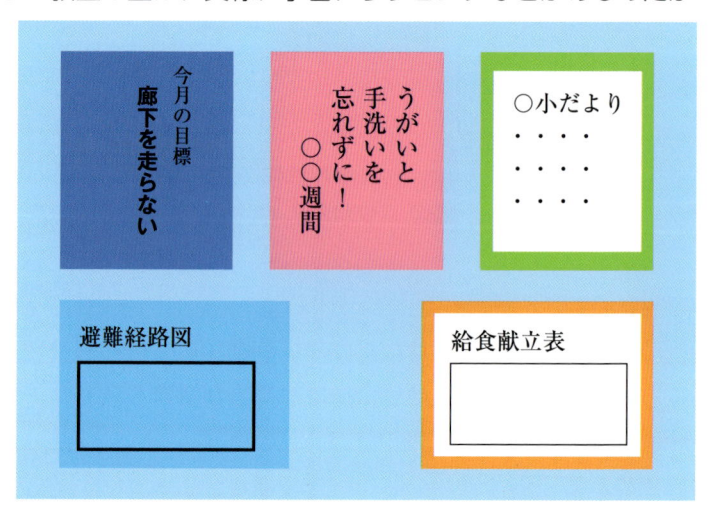

（壁の色が水色の場合）

壁の色が何色であっても、
それに合わせた色画用紙に統一すれば、
やはり擬態は可能です。
同じ色で掲示物を揃えると、なぜか空間が広く感じられます。

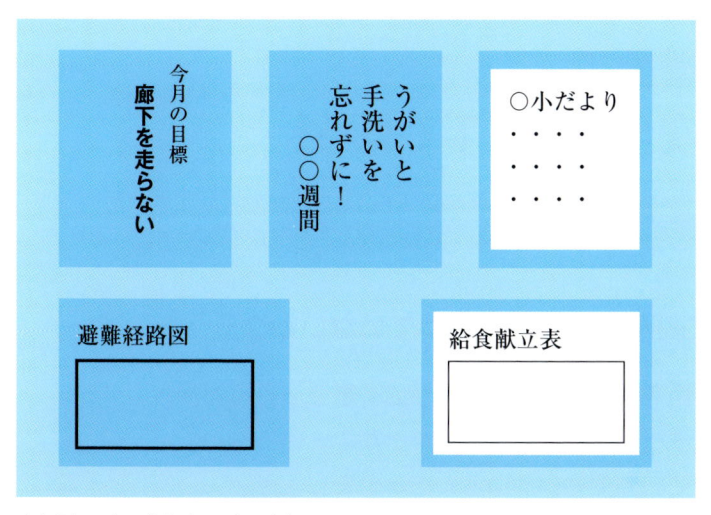

第Ⅱ章　教室インフラ整備　実践編

（↑壁の色が水色の場合）

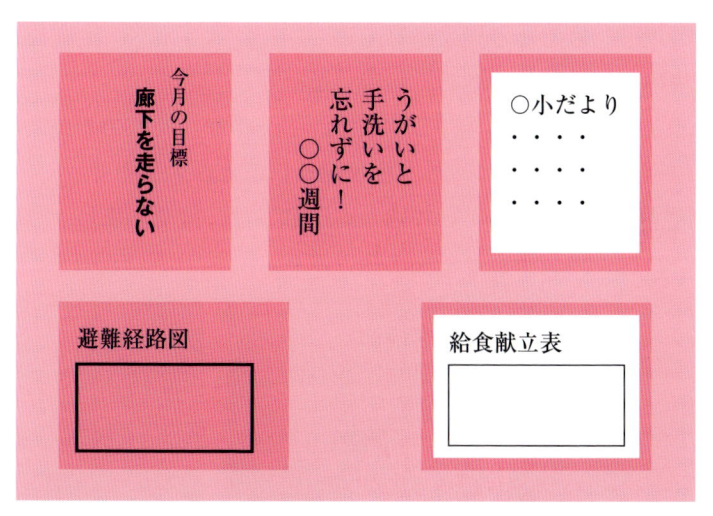

（↑壁の色がピンクの場合）

1　壁面⑤「擬態」を利用し、教室を広く見せる　●33

第Ⅱ章　教室インフラ整備　実践編

1 壁面⑥
安全確認「手で見る」

壁面には画鋲の針等の尖り物が残っていることがあります。
引っかかったり、刺さったりする恐れがあるので、引き抜きましょう。

壁面に釘や画鋲の針が残っていないか？

さて、色を揃えることで空間が広く感じられるとか、
それによって子どもが落ち着くとか、
たしかに、効果もいろいろとあるのでしょう。
しかしもっと大切なことは、教室が安全かどうか、ということです。
壁面の場合、釘や画鋲の針が残っていないかどうか、
これも教室の安全を守るために、確認しておきたいこと。
しかしながら、ほとんど見えません。
画鋲の場合、円盤部分の取れてしまった針が、
壁からちょっと出ているだけですから、引っかかって初めて見えます。
ふだんは目では見えないので、「手で見る」ことが大切です。
壁面を両手でなでながら、針が残っていないか、確認しましょう。
見つけた針は、ペンチなどで引き抜きます。

見えないものがいっぱいあります。
見えないときは、ほかで補うよりほかありません。

しっとり

三浦市立初声小学校 4年4組 学級通信　NO. 61　2007. 12. 14

ガードレール

「駐車場から出ましたか？　すると手前にガードレールがあるでしょう？　そして左側に横断歩道。坂をあがっていくとまたガードレールがありますね。その２つ目のガードレールを･･･」
（え、ガードレール！？）
盲導犬キャニーのユーザーさんによる道案内です。事前打ち合わせで、三崎の仕事場近くまで車で行ったときのこと。車を降りてからの場所が分からないので、私は携帯電話でユーザーさんに連絡を取りました。どこですか？と。そのときに返ってきたのがこの、ガードレール。衝撃を受けました。そうか、目が見えないとはこういうことなのか。ガードレールが目印。いや、見えないのだから、目印とは言わずに、ええと…。見えていなかったなぁ、ガードレール。

総合、福祉の学習。盲導犬キャニーとそのユーザーさんが初声小学校にやって来ました。目の見えない人に声をかけられたら、なんと答えるか。まちで盲導犬を連れた人に会ったらどうすべきか。教師は、前もって教えるわけですよ。子どもは当然、調べてきます。本やインターネットなどで。ですから皆、相応の知識は持ってはいました。ところが、今まで抱いていたイメージと実際とは違うことばかり。子どもたちにとっても、貴重な経験となりました。

盲導犬ユーザーさんのお話しで、私が印象に残ったこと。
それは、そのユーザーさんが終始、質問者の目を見て話していたことです。見えないはずのその目はたしかに、相手の目をしっかり見ているのです。私自身、見られている気がしてなりませんでした。本当は見えているんじゃないの？と思うくらい。ですから私は聞いてみたのですね。すると、
「相手の目を見て話す。当たり前のことでしょう？　私はそう教わってきましたから。本当は見えているみたいだって？　ははは♪」

目の見えるはずの自分には、見えないものが山ほどあって。
もっと、見えるようになりたい。ありとあらゆるものを、もっと。
ガードレールを見るたび強く、そう思うのでした。

学級通信より。見えないものが、私にはいっぱいある。

第Ⅱ章　教室インフラ整備　実践編

2 掲示物①
紙ファイルによる掲示

教室掲示の学校だよりや学級通信。
紙ファイルで綴じると、美しく、丈夫な掲示ができます。

紙ファイルで教室掲示。年度末には１冊のファイルが完成。

使い古した紙ファイルを再利用して、学級通信等を掲示する方法です。見た目が美しく、また強度もあるので落下の心配があまりありません。過去のバックナンバーを見ることもできます。

　（紙ファイルによるインフラ整備の仕方）
　①　紙ファイルを開いて、山折りにする。
　　　（または、表紙面を切る）
　②　紙ファイルを画鋲で留める。
　　　（強度の高い、「垂直留め」が良い。40ページ参照）
　③　掲示したいプリントを綴じていく。

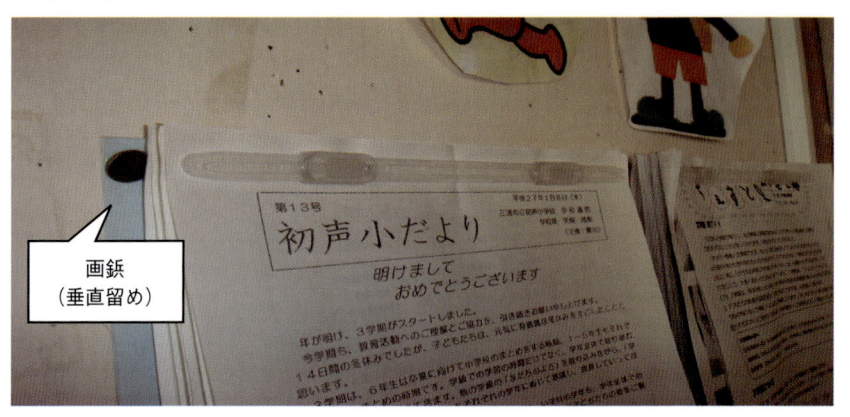

画鋲
（垂直留め）

学級通信や学年通信、学校だより等、重ねて掲示するものに向く。
糊付けだと、重みで途中からはがれ落ちることがある。

（留意点）
掲示の特性上、リング穴部分が上にならなければなりません。
掲示したい用紙にぴったりの紙ファイルが見つかりにくいのが難点。
使用済みのファイルがない場合、合うサイズを手に入れましょう。
また、子どもに綴じるのをやらせると、
低学年では難しい場合があります。

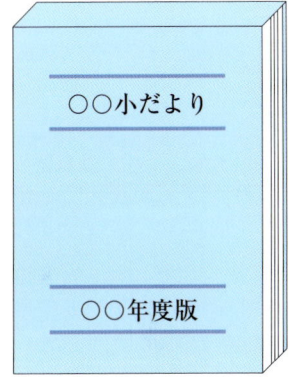

糊で上部を貼り合わせた学校だより・学年だより・学級だよりは、
年度末に処分することが多いと思います。
一方、紙ファイルによる掲示は、年度末に1冊のファイルに大変身！
そのまま保管用としても使うことができます。
（この場合、表紙は切り取らず、取っておきましょう）

2　掲示物① 紙ファイルによる掲示　● 37

第Ⅱ章 教室インフラ整備 実践編

2 掲示物②
画鋲の使い方① 一覧表で留め方比べ

画鋲の使い方一覧表を参考に、
どのように画鋲を留めたら良いか、一緒に考えましょう。

画鋲の使い方「一覧表」

画鋲の使い方を確認しましょう。

一概に「こうじゃなければいけない」という留め方はありません。

しかし、目的や用途に応じて、使い分けたほうが良さそうです。

詳しい使い方については、後述します。

	垂直留めA	垂直留めB	斜め留めA	斜め留めB
横から見た図				
刺す方法	垂直に深く	垂直に浅く	斜めに	斜めに
角度	90度	90度	45度	45度
留め箇所	円盤	針	円盤・針	円盤
紙との接点	円盤の面全体	針の1点	円盤のへり・針の計2点	円盤のへり
強度	◎	×	○	△
取り外し	×	△	◎	◎
目的	外れては困るもの		大量に掲示するもの	傷ついては困るもの
主たる用途	厚紙・クリアファイル		チラシ・ポスター	児童作品

38

掲示物が落ちないように留める、それが基本

掲示物がすぐに取れるようでは、困ります。
落ちた掲示物が踏まれて傷んだりする恐れがあるからです。
その都度、紙を拾ったり、落ちた画鋲を探したりするのも面倒です。
ですから、掲示物が落ちないように留めることが何より大切になります。

それでも掲示物が落ちたときには、すぐフォローする。

そうは言っても、掲示物は落ちるものです。
突風が吹き付け、教室の作品が画鋲もろとも外れることもあれば、
作品の重みで徐々に緩くなって、落ちることもあります。

壁面の隅の複数箇所に、「画鋲基地」を設けた。

落ちた画鋲を探しても、見つからないときがある。
「ここにもう一つ、画鋲がほしい」というときもある。
机の中から画鋲箱を出し、画鋲を取り出すのは面倒だ。
そんなときに、画鋲基地が役に立つ。
使いたいときに、すぐ使える。

第Ⅱ章　教室インフラ整備　実践編

2 掲示物③
画鋲の使い方②　垂直留め

垂直留めは、その外れにくさが長所かつ短所。
円盤全体で紙を押さえつけることが大切です。

垂直留め（A）　外れにくい強度が売り

画鋲をまっすぐ、押し込む留め方です。
壁に対し、画鋲の針が垂直に刺さります。
紙を留めているのは、針ではありません。
画鋲の円盤状の部分、そこ全体が紙を上から押さえつけています。

針が奥深くまで刺さっているので、めったに抜けません。
円盤部分全体で紙を押さえているので、落ちる心配も少ないと言えます。
そうした強度が垂直留めの、いちばんの売りです。

垂直留めは、クリアファイルや厚紙などを留めるのに使用しましょう。
使用後、クリアファイルごと、引っ張れば、抜き取ることが可能です。

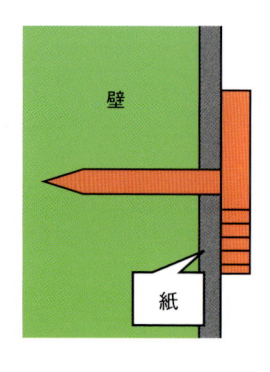

・壁面に円盤部分をぐいと押す。
・円盤部分で紙を押さえて留める。
・取るときは、「画鋲外し」を使う。

○　強度大。たいへん外れにくい。
×　たいへん取れにくい。

垂直留め（A）は、手では外せないのが欠点

長所は、裏返せば短所になります。
外したくても、外せないのが垂直留めの大きな欠点です。
無理に取ろうとすると、指や爪を痛めることもあります。

画鋲1つを外すのも、けっこう大変。
画鋲外しを使って外したものの、円盤部分だけ取れて、
針の部分が壁面に残ってしまうこともあります。

垂直留め（B）「もどき」に注意　～手で取れるが、落ちやすい～

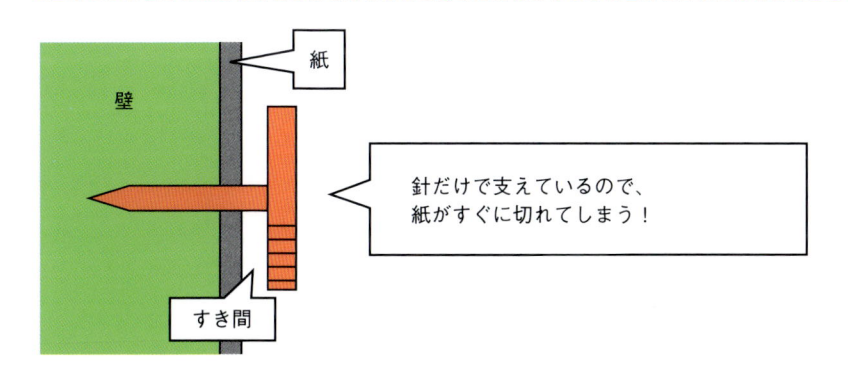

（図：壁、紙、すき間　吹き出し「針だけで支えているので、紙がすぐに切れてしまう！」）

若い先生の教室でありがちなのが、この留め方です。
最後まで画鋲を押し込んだら手で外せないものだからと、
中途半端に垂直に刺しています。
これを垂直留め「もどき」と言います。
この場合、紙を支えているのは、針だけになってしまいます。
針だけで支えているので、紙がすぐに破れてしまいます。
作品も画鋲もポロポロと落ちるようなら、
この留め方になっているケースです。
垂直に刺すなら、最後まで押し込んで留めることが大事。
垂直留め「もどき」は是非、避けたいところです。

第Ⅱ章　教室インフラ整備　実践編

2 掲示物④
画鋲の使い方③　斜め留め

斜め留めは、画鋲の一般的な使い方です。
紙に穴を空けずに留めることもできます。

斜め留め（Ａ）　外しやすく、強度も十分

画鋲を壁面に対し、斜めに刺す留め方です。
壁に対し、画鋲の針が 斜め約45度になります。
紙を留めているのは、画鋲の針と、画鋲の円盤のへりの２箇所。

円盤状のへりの部分（ギザギザ）が、紙を上から押さえつけているので、掲示物が落ちる心配も少ないと言えます。
強度も適度にあります。
画鋲外しを使わず、手で簡単に外せるのがいちばんの売り。
画鋲の留め方の基本となります。
チラシやポスターなど、あらゆるものを留めるのに適しています。

・壁面に対し、斜め約４５度で刺す。
・針と、円盤部分のへりで
　紙を押さえて留める。
・外すときは、へりをつまんで抜く。

○　すぐ外せる
×　垂直留めよりは強度が弱い

斜め留め（B） 作品を傷つけない掲示法

紙には穴を空けず、円盤のへりだけで紙を押さえる留め方です。
紙に穴を空けたくないとき、
主に大事な児童作品などを掲示するときに重宝する留め方です。

・壁面に対し、斜め約45度で刺す。
・紙の部分に針を刺さない。
・円盤部分で紙を押さえて留める。
・外すときは、へりをつまんで抜く。

○　穴を空けずに済む。
×　垂直留め（A）より強度は落ちる

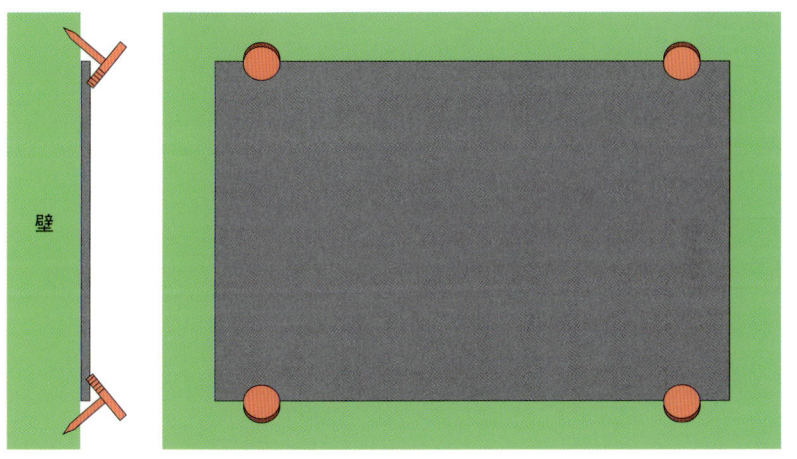

円盤部分で押さえ付け、紙を支える。
画鋲を抜かなくても、紙を引っ張れば、紙が取れる。

第Ⅱ章 教室インフラ整備 実践編

2 掲示物⑤
2段クリップ① 厚紙でインフラ整備

作品を傷つけずに掲示できる2段クリップは教師の強い味方。
移動や撤収を簡単にするためのインフラ整備を紹介します。

作品掲示は、2段クリップで簡単、安心♪

大事な児童作品を掲示する際、画鋲穴を空けるのは避けたいもの。
そんなとき、はさんで留める2段クリップが活躍します。

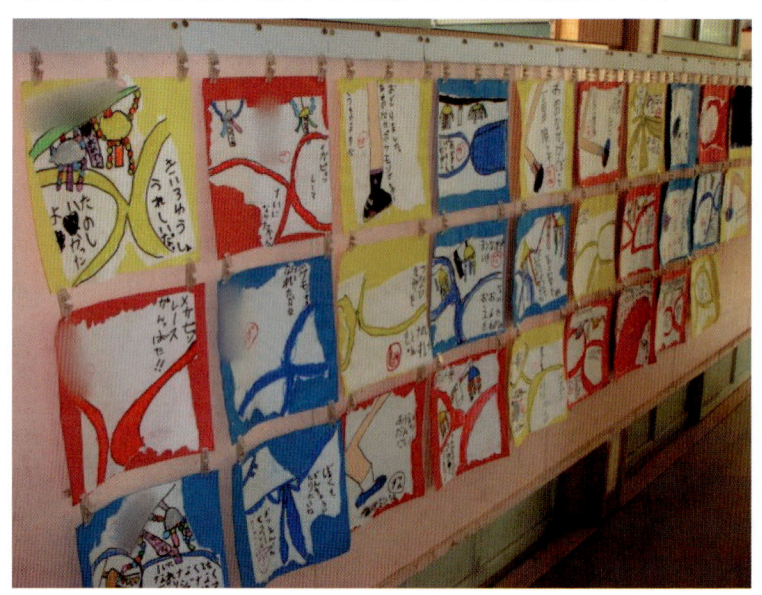

2段クリップを使えば、作品を「連結」することが可能。
縦3枚1列を、横へと「平行移動」するのも容易。
1列を廊下から教室へと、「引っ越し」も簡単。
掲示も撤収作業も、手際よく行える。

厚紙と画鋲で２段クリップのインフラ整備

① 短冊状に切った厚紙を複数枚 用意する。
② 厚紙を画鋲で留める。
③ 厚紙の下に、２段クリップで作品等を留めていく。

３つ

２つ

重みがかかる上段は、２段クリップを３つ使い、強度を高める。

第Ⅱ章　教室インフラ整備　実践編

2 掲示物⑥
2段クリップ②　最上段は3点留めで

2段クリップは、最上段のクリップほど、負荷がかかります。
3点留めにすると、1つ外れても落下を防ぐことが可能です。

最上段には、一層の支えが必要。

2段クリップによる作品掲示は、最上段のクリップに重みが集中します。均等に2つずつ留めていくと…

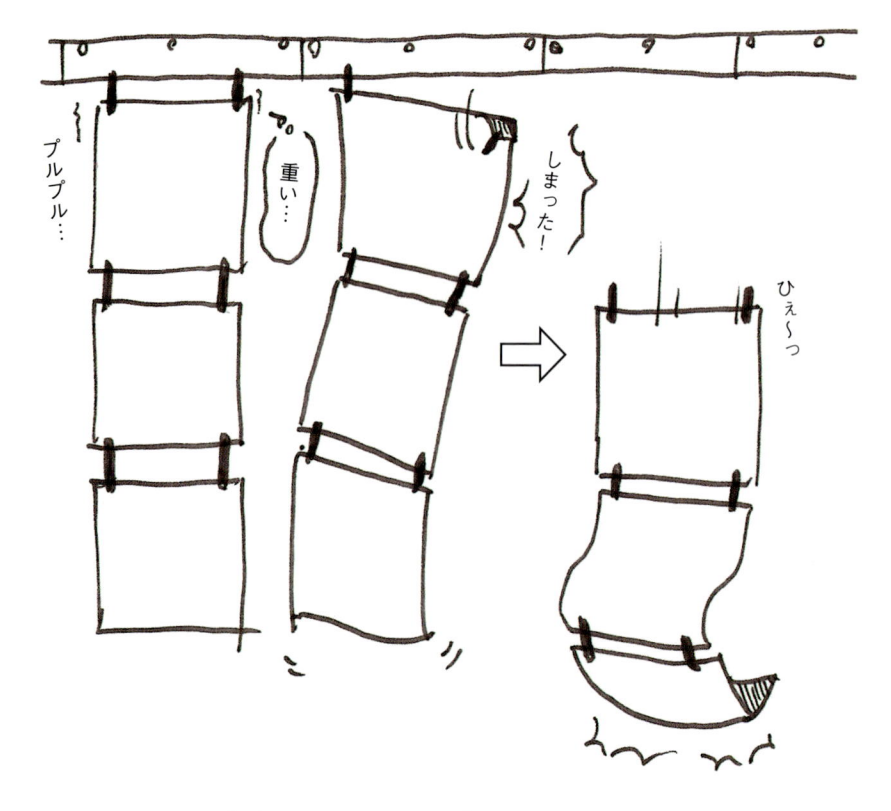

最上段のクリップが重みで外れ、丸ごと落下します。

最上段のクリップが3つだと、なんとか持ちこたえます。

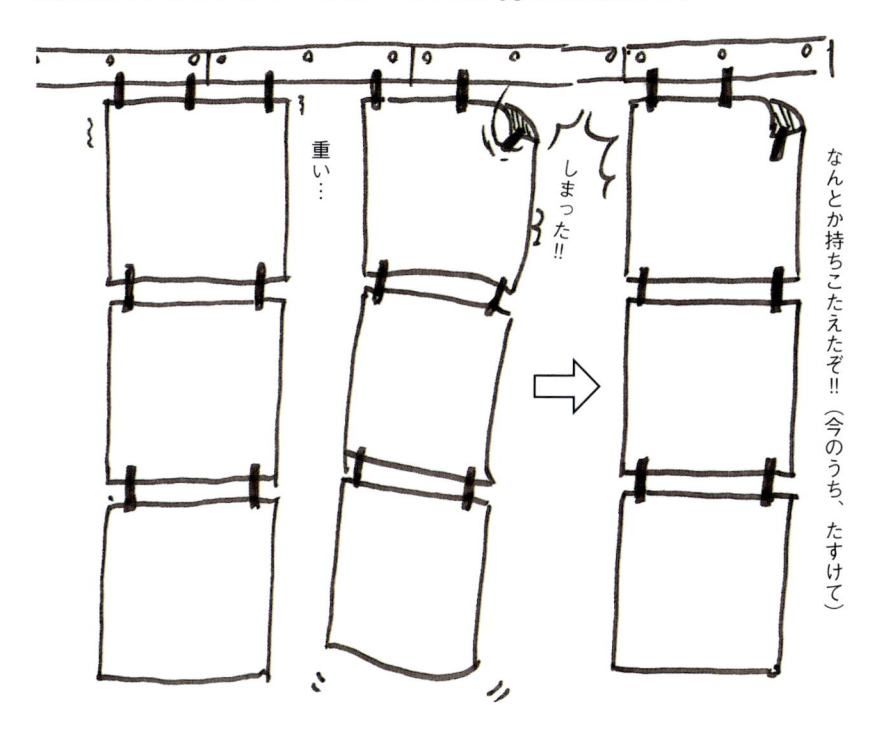

2段クリップは、支えが1つになると、バランスを崩し落下します。
しかし、2つだと あら不思議、落ちません。
（気づいたら、早めに復旧しましょう。）

縦1列を4段、5段と長い列にする場合も同様です。
上段にはクリップを多用し、強化しましょう。
上は重く、下は軽い。
組み体操の逆になります。

> 上が崩れたら、総くずれだよ

第Ⅱ章　教室インフラ整備　実践編

2 掲示物⑦
クリアポケットによる掲示①
立て掛け型掲示

クリアポケットに児童の作品を入れて掲示する場合、
壁面の底面に立て掛けるようにすると、落下リスクが減少します。

クリアポケットでの児童作品を掲示は、立て掛け型に。

Before　→　After

クリアポケットの底が　ぶら下がった状態から、立て掛けた状態へ。

48

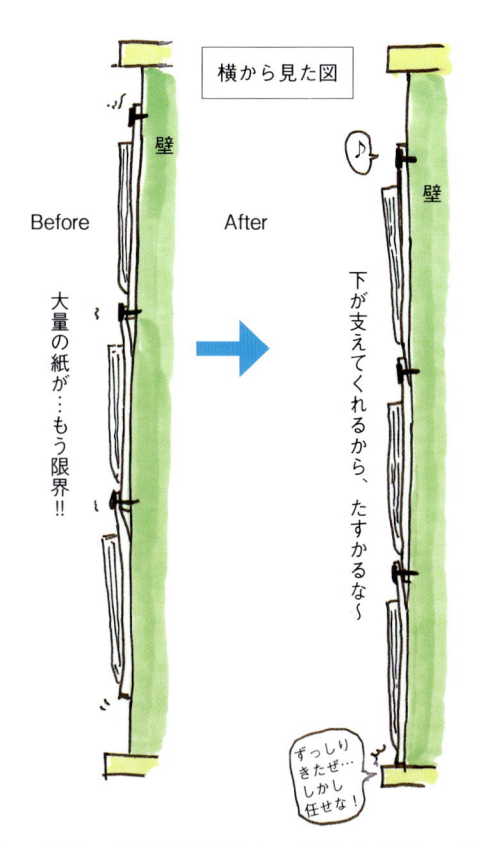

第Ⅱ章　教室インフラ整備　実践編

横から見た図

Before　After

壁

大量の紙が…もう限界!!

壁

下が支えてくれるから、たすかるな〜

ずっしりきたぜ…しかし任せな!

生活科の探検カードや、理科の観察カードを入れる、クリアポケット。
上下に連結もできるので、掲示には たいへん便利です。
しかしながら、ポケットに入れるカードの枚数が増えると、
その重みに画鋲が支えきれず、落下することがあります。

壁面の下にある、「淵（ふち）」の部分を活用しましょう。
そこにクリアポケットを立て掛けるようにして、掲示するのです。
画鋲にかかる重さが、画鋲から淵の部分へと向かいます。
落下リスクが激減するでしょう。

2　掲示物⑦ クリアポケットによる掲示①　立て掛け型掲示　49

第Ⅱ章 教室インフラ整備 実践編

2 掲示物⑧
クリアポケットによる掲示②
少量複数枚

手紙をクリアポケット入れて掲示する場合、
ポケットの良さを活かした掲示を心掛けましょう。

クリアポケットで教室掲示。「同一種類・複数枚」に向く。

クリアポケットに手紙を入れて掲示する方法です。
ポケットなので、あまりに多い枚数を入れることはできません。
少ない量を、短時間で入れたり、取り出したりするのに適しています。

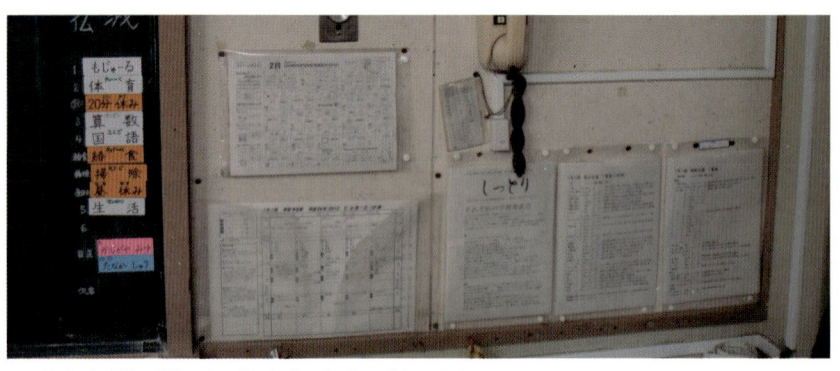

A4サイズ（横・縦）・B4サイズのクリアポケットに、
学校だより、学年通信・学級通信、給食の献立表などを入れた。

すぐに入れられ、すぐに取り出せるのが長所。
バックナンバーを全て入れるのではなく、同じものを複数入れると良い。
たとえば週予定表の場合、過去1ヶ月分くらいが残っている。
量が多くなったら、古いものから適宜処分。
最新の予定表は予備用に3～4枚入っている。

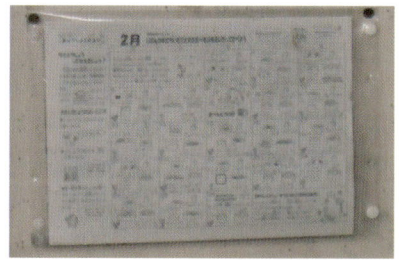

第Ⅱ章　教室インフラ整備　実践編

給食の献立表を入れるクリアポケット。
「2月」となっているが、同じ献立表が複数枚入っている。
「先生、2月の献立表もらうのを忘れてしまったので、ください」
と、後から子どもに頼まれるときがある。
そんなとき、クリアポケットに入った余分をすぐに渡せる。
「何枚か余っていたけれども、要らないと思って捨ててしまった。
　職員室に行って、コピーしなければ」
というような時間ロスがなくなる。

壁面の淵に、クリアポケットの下の部分を付ける。
クリアポケットの底がぶら下がった状態から、立て掛ける状態へ。
これで強度が上がり、落下の心配が減る。

2　掲示物⑧　クリアポケットによる掲示②　少量複数枚　● 51

第Ⅱ章　教室インフラ整備　実践編

3 物の管理①
ボール入れとボール

ボールの管理は「性悪説」で。
事故のリスクを極限まで下げましょう。

できれば、下駄箱までで止めておきたいクラス用ボール。

クラスのボールは、昇降口の空いた下駄箱に保管したいもの。
というのは、外で遊ぶためのボールを
わざわざ教室まで持って行く必然性が見当たらないからです。

チャイムが鳴って、教室まで戻る階段の途中で
投げたり、ついたり、蹴ったり。
あるいは教室内で、遊んだり。

ボールがぶつかって、窓ガラスや蛍光灯を破損し、
最悪の場合、それによって怪我をしたりするおそれもあります。

教室のボール入れで保管する場合

しかしながら、学校のルールもありますから、無理は禁物です。

教室のボール入れ。
遠くからボールを放り投げ、入れようとする子どもが時々いる。
「ゴールイン」できずに、それたり、はねたりすることも。

「うちのクラスには、教室でボールを投げる子なんていません！」
いいえ、異学年の子がいたずらすることだって、あり得ます。
子どもたちの安全を守るためには、「性悪説」が大切です。
たとえば、次のようにするのはいかがでしょうか。

横にした、教室のボール入れ。
ボールを遠くから投げ入れることができない。
上に物を置けるスペースも生まれた♪

第Ⅱ章　教室インフラ整備　実践編

3 物の管理②
絵の具セットの攻略法

場所を取り、色も形も異なる絵の具セット・習字セット。
これらに対処するアイディアを提案します。

教室メモリーを大量消費する、絵の具セット。

絵の具セットは、教室整備にとってかなりの「くせ者」です。
なぜなら、場所を取るからです。
軽いけれども、大きくて、幅も奥行きもある。
１クラス40人分であれば、段ボール約５箱分に相当する量です。
かたちも三角、四角、長四角と、それぞれに違います。
貴重な棚のスペースを年間通じて大量に奪い、
教室で行う他の学習の作業効率を下げさせる大きな要因となっている、
それが絵の具セットです。

教室後方の棚の上に並べて置くと、横一列ぎっしり埋まるでしょう。
上に重ねようとすると、形がそれぞれ違いますから、すぐ「雪崩」。
崩れないようにと、大小三角四角、かたちの違う絵の具セットを
石垣のように組み合わせ、積み上げると今度はなんと！
いくつかの絵の具セットから、水がこぼれてきます。
絵の具セットの中の、水入れ（絵の具バケツ）が横や逆さになり、
そのせいで水がこぼれ出てきたのです。
片付け時に、水を切り、拭き、乾かしていなかったのでしょうか。
したがって、収納のために絵の具セットを横にするのは危険。

棚の中に入れてみれば、６～７段分は埋め尽くされてしまいます。
大型のスチール棚がいっぱいになる量です。

これを限りある教室に１年間置きっ放しにするのは、酷というもの。
特別教室や空き教室で保管できれば、それがベスト。
難しい場合、各家庭で保管してもらいましょう。
学期に数回しか使わない絵の具セットですから、使い終わったら、
「持ち帰って、きれいに洗って、しっかり乾かしましょう」
そう言って、次回使うときまで、家庭で保管してもらうよう、
学級通信・学年通信等で呼びかけましょう。
大きな道具だけに、学年間・家庭との協力が不可欠です。

絵の具セットを棚に入れてみた。
高さに合わず、１段分の棚に１列ずつしか入らなかった。
かといって、横に倒して入れると、水が出てくることも。
同じサイズ、似た色でまとめ、なんとか空間を広くみせた。
なお、両端に名前（名字）を記入し、検索スピードを上げさせたい。

絵の具セットまとめ

・空き教室や特別教室で保管する。
・棚にしまう場合、同じサイズで揃え、空間を少しでも多く確保する。
・同じ色で揃え、空間を少しでも広く感じられるようにする。
・学校に保管場所がなければ、家庭で保管してもらう。

第Ⅱ章　教室インフラ整備　実践編

3 物の管理③
上履き・体育館履き①　混在を防ぐ

上履きと体育館履き袋は、同じフックに引っかけると、混在します。
両者の違いをよく理解し、ふさわしい保管場所を考えましょう。

見た目は似ているが、全く違う

上履きと体育館履き。
これらは、似ているようで、全く非なるものです。
両者を比べましょう。

	上履き	体育館履き
見た目	そっくり	
履く場所	校舎内	体育館
持って帰る日	週末	学期末
持って来る日	週明け	新学期

同じく、上履き袋と体育館履き袋。
同様に、似ていますが、全く異なるものです。
比べてみましょう。

	上履き袋	体育館履き袋
見た目	そっくり	
中身となる履き物	入っていない（持ち帰るとき、持って来る日を除く）	入っている（使うときを除く）
重さ	軽い	重い
嵩（かさ）	かさばらない	かさばる
持って帰る日	週末	学期末
持って来る日	週明け	新学期

つまり、履き物も、袋も、見た目は ほぼ一緒。
それだけに、同じ場所に保管すれば、
両者は混同する恐れがあります。

1つのフックに上履き袋と体育館履き袋をかけると…

どっちがどっちか、見た目では分からない。
（持ってみれば、重さで分かる）
同じ場所にあれば当然、検索するのに時間がかかってしまう。
また、片方の袋をフックから持ち出そうとすると、
もう一方の袋がしばし落ち、紛失する。
それを誰かが拾い届けるのにも、時間をロスしてしまう。

「体育館履きを履きなさい」と言っても、なかなか履かないとき。
「上履きを持ち帰ってください」と言っても、準備に時間がかかるとき。
そこには、両者の袋の混在が原因として挙げられないでしょうか。

第Ⅱ章　教室インフラ整備　実践編

3 物の管理④
上履き・体育館履き②
上履き袋の保管

上履きの袋は週末と週明けしか使用しません。
段ボール箱などに入れて保管しましょう。

上履き袋は、段ボール箱で一元管理

上履き袋は段ボールや、かご等に入れて管理しましょう。
体育館履き袋と混ざらずに済みます。

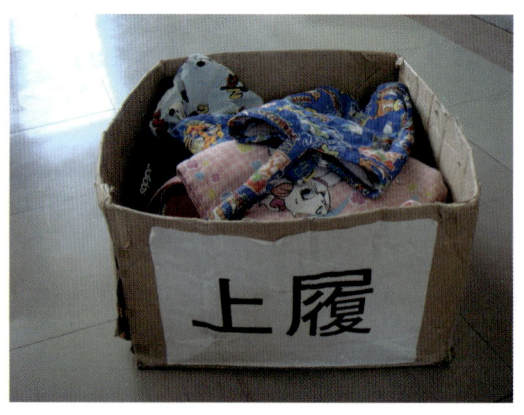

上履き袋用の段ボール。
　（「上履」と書いたが、中身がないので、厳密には「上履き袋」）

週明け、この箱に上履き袋を入れましょう。
週末持ち帰るとき以外、上履き袋の中には上履きは入っていないので、
　（軽く、かさばらないところが体育館履き袋との大きな違い）
中型の段ボールにも、クラス全員分かんたんに収まります。

上履き袋を入れた段ボールは、週末以外使用しないので、
棚やデッドスペースなど目立たない所にしまっておきましょう。

週末、この段ボールをごっそりひっくり返し上履き袋を出します。
各自、上履きとともに持って帰りましょう。

上履き袋が床に残っていたら、
誰が上履きを持って帰っていないかが、一目で分かります。

なお、万が一、体育館履き袋が混在しても大丈夫。
重みと触り心地ですぐに分別できます。

第Ⅱ章 教室インフラ整備 実践編

3 物の管理⑤
上履き・体育館履き③
体育館履き袋の保管

体育館履きの袋は、できればフックに。
難しい場合、大きくて頑丈な箱やカゴに入れて保管しましょう。

体育館履き袋は、フックで管理するのがベスト

体育館履き袋は、余ったフックがあればそちらに掛けましょう。

出席番号順に、フックにかける。
※「Ⅱ章　一場一物148ページ」参照

体育館履き袋には、落下防止のひもを付ける。
※「Ⅱ章　一場一物149ページ」参照

第Ⅱ章 教室インフラ整備 実践編

体育館履き用のフックがない場合、頑強な箱やカゴで管理

体育館履き袋は中身が入っているので、「嵩（かさ）」があります。
　（体育館履き袋1つで、上履き袋3つ分くらい、かさむ）
したがって、中型の段ボール1つでは当然収まりません。
また、重いので、段ボール箱だと、すぐに破損します。
大きくて頑丈な箱やカゴに入れましょう。

体育館履き袋

ボール入れの木箱に、
体育館履き袋を保管した。

なお、この場合、
クラスのボールは、
ボール入れではなく、
棚で保管した。

体育館履き袋

大きくて頑丈な、
プラスチック製のカゴ。
ホームセンターなどで
手に入る。
体育館履きをこれに
入れるのもよいだろう。

3　物の管理⑤ 上履き・体育館履き③　体育館履き袋の保管 ● 61

第Ⅱ章 教室インフラ整備 実践編

3 物の管理⑥
白衣　担当箇所の明示で、
トラブル回避

白衣は、給食当番の担当箇所とセットにしたものを明示します。
当日の白衣探しや、当番を奪い合うトラブルがなくなります。

白衣の記号と、給食当番の仕事内容をフックそばに置く。

給食の白衣の管理。
白衣には袋にA、B、C、D、E、Fなどと書かれています。
フックに掛ける際、A～Fの白衣の記号、
および給食当番の仕事内容を明記しましょう。

その白衣の記号と仕事内容をフックそばに示すことで、
給食当番が「自分の白衣はどれだ？」と探したり、
「今日の大おかずはオレだ」「いや、私が大おかずよ！」
と、その都度トラブルになったりするのを避けることができます。

週予定表で仕事内容を事前告知。

週の予定表に給食当番の白衣番号、内容等、細かく知らせます。
一見、面倒なようで、これがいちばん分かりやすいと評判です。

給食当番	1～6番　給食当番です。マスク・バンダナの用意を。			
	白衣	仕事内容	番号	氏　　名
	A	おぼん	1	青　木　太　郎
	B	パン・ごはん	2	井　上　花　子
	C	大おかず	3	上　野　次　郎
	D	小おかず	4	榎　本　サブロー
	E	牛乳	5	小　野　バラ子
	F	ストロー	6	加　藤　しげる

配膳当番：　7～12番。配膳当番です。翌週は、給食当番です。

給食当番の白衣と、給食当番が持参した「マスク・バンダナの袋」。
「見える化」している。
Aの給食当番は、着替え中。
Eの給食当番は、「マスク・バンダナの袋」を忘れた模様。

第Ⅱ章 教室インフラ整備 実践編

❸ 物の管理⑦
全方面に名前

国語辞典や漢字辞典は、全方面に名前を書きましょう。
自分の辞典を探し出すスピードが上がります。

「全方位に名前」により、向きを変えて探す時間を省略。

「僕の国語辞典どれだっけ？」
と、棚の上から１冊の国語辞典を取り出して、
名前の書かれたところを探し、確認。
それが自分のではなく、他人のであれば、元に戻す。
隣の辞典を取り出しては、名前を確認し…

１冊ずつ名前の書かれたところを確認するという
子どもの検索時間ロスを減らしましょう。

子どもがどのように片付けようと、一目で名前が分かるよう、
あらゆる方面に名前を書き込みましょう。

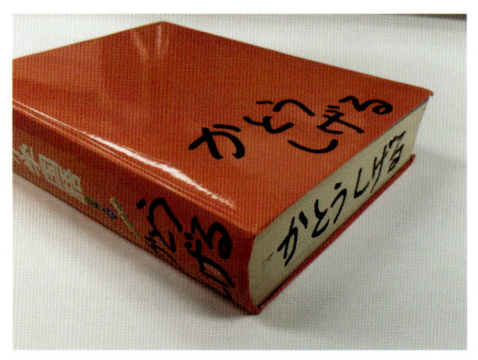

背表紙、底面、側面等に記名。

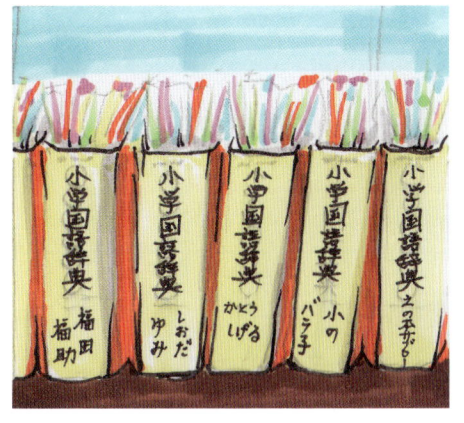

第Ⅱ章 教室インフラ整備 実践編

縦置きした場合、
背表紙の名前で検索。

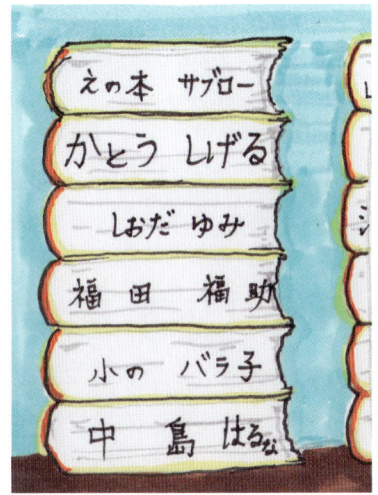

平積みした場合、
側面の名前で検索。

後半になると、付箋の面の名前は見えなくなってしまうが、付箋の色などで自分のものと分かるだろう。

※「全方位に名前」は、国語辞典のほかに、
　漢字辞典、習字セットや裁縫セットでも応用できる。

3　物の管理⑦ 全方面に名前　●65

第Ⅱ章　教室インフラ整備　実践編

3 物の管理⑧
「両側面」記名で検索スピードアップ

鍵盤ハーモニカや絵の具セットは、両側に名前を記入しましょう。
自分のものを探し出すスピードが上がります。

「両側」の「側面」に記名しましょう。

１年生の教室に、鍵盤ハーモニカが届きました。

① 一度家に持って帰り、名前を書いて持ってきてもらいました。

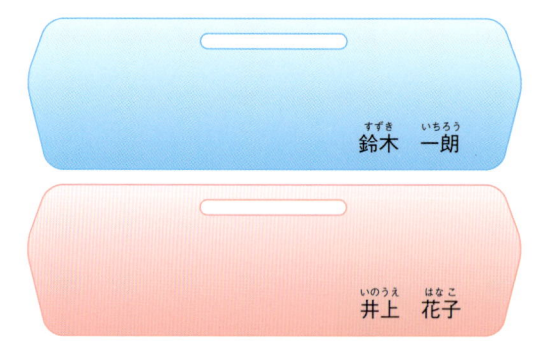

すずき いちろう
鈴木　一朗

いのうえ はなこ
井上　花子

色ごとに、教室の棚にきれいに並べてみました。

あれれ、誰の鍵盤ハーモニカなのか、これでは分かりませんね。

「ぼくのは、どれだ？」「わたしのは？」
引っ張り出しては元に戻す、そんな時間が必要になりそうです。
②　横（側面）にも名前を書くよう、子どもたちに指導しました。

再度、棚にきれいに並べてみました。

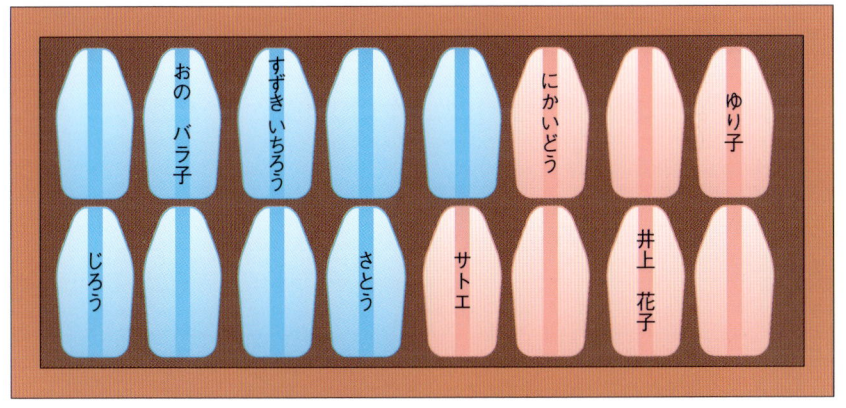

横にも名前を書いたはずなのに、なぜか名前がない！
そうか、片側だけに名前を書いても、
そちら側を見えるように入れるとは限りません。
④　側面、両側に書かせました。

3　物の管理⑧「両側面」記名で検索スピードアップ　●67

第Ⅱ章　教室インフラ整備　実践編

3 物の管理⑨
両側面「名字」で、
きょうだい兼用やお下がりも安心

鍵盤ハーモニカや裁縫セットの両側面記名は、
きょうだいで使うことを配慮し、「名字」で書きましょう。

きょうだいがいる場合、両側面に「名字」で記名しましょう。

きょうだい兼用の場合、「名字」のみ書くのが良いかなと思っています。

鈴木一朗
漢字　フルネーム。
担任が両側、間違えずに書くのは けっこうたいへん。

いちろう
「下の名前」だけ。
担任が両側2箇所に書くのは、さほど苦ではないが、
弟のじろうさんがお下がりを使う予定だという。
消せばいいとはいえ、書くのはちょっと気が引ける。

すずき いちろう
ひらがなでフルネーム。
妹の「三ツ子」さんがお下がりとして使うとき、
「兄たちの名前が書いてあるからイヤ」と言う可能性も。

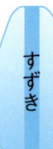

すずき
両側面は、名字の「すずき」だけで良いのではないか。
検索スピードを上げるのが目的なので、
漢字やフルネームにこだわる必要はない。
きょうだい兼用・お下がりのときの配慮にもなる。
なお、「すずき」がクラスに複数人いる場合、
シールなど、別の目印をつけて検索を補おう。

実際の鍵盤ハーモニカは、色も形もさまざま。
お下がりを持ってくる子も多い。
お姉さん・お兄さんが借りに来ることも多々あった。
恥ずかしがらず、きょうだい間で使えるようにしたい。

なお、側面には直接記名せずに、
ビニールテープやシールを貼る方法もある。
ちょっと面倒だが、すずきとビニールテープに書いて
両側面に貼ればいい。

なお、両側面「名字」は鍵盤ハーモニカだけではなく、
裁縫セット、習字セット、絵の具セット等にも有効。

子どもが物を取り出すときの検索スピードが上がれば、
その分、学習時間を保障できる。
これからも、検索スピードを向上させていきたい。

第Ⅱ章　教室インフラ整備　実践編

3 物の管理⑩
上下逆さファイルで
検索＆片付けスピードアップ

児童の使う紙ファイルは、上下逆さにも名前を書きましょう。
検索が早くなるとともに、向きを直す手間が不要になります。

上下逆さファイルで検索＆片付けスピードアップ。

ファイルは上下逆さにもう一度、名前等を記入しましょう。
上下逆さにしても、名前が一目で分かるので、
子どもがファイルを見つけ出す検索スピードが上がります。

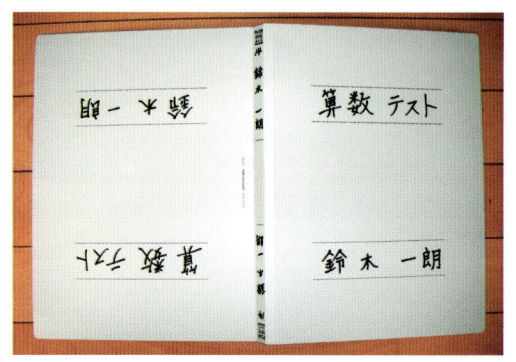

ひっくり返しても、同じになるように表題や名前を記入する。
　（厳密には、回転しても同じ「点対称」。）
「名前が上になるように、揃えて入れなさい！」
と、その都度 指導し、
逆さになったファイルを取り出しては向きを揃えるよりも、
最初から上下逆さに２つ書いたほうが、叱らなくて済む。
子どもが片付けるのも速い。

第Ⅱ章　教室インフラ整備　実践編

なお、ファイル上面の番号は出席番号。
女子は○で囲んである。

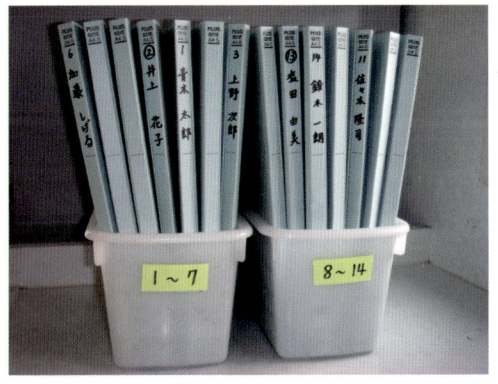

> 上部だけ記名した場合。
> 逆さに入れると、
> 名前が見えない。

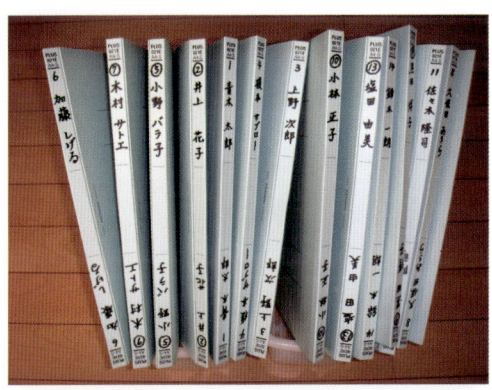

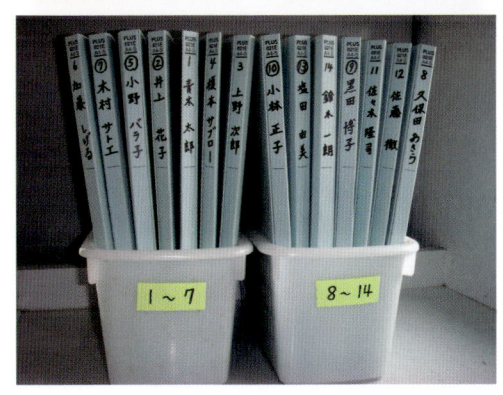

上下逆さファイルは、かごに入れても必ず名前が上になる。

3　物の管理⑩ 上下逆さファイルで 検索＆片付けスピードアップ　71

第Ⅱ章　教室インフラ整備　実践編

4 窓側①
落下の防止と、可能性の除去

窓際は性悪説で臨みましょう。
クラスが落ち着いていようが、関係ありません。

窓際は特に神経質に

窓から子どもが落ちたら即、大事故。
落ちる可能性を1つずつ、潰していくことが大切です。

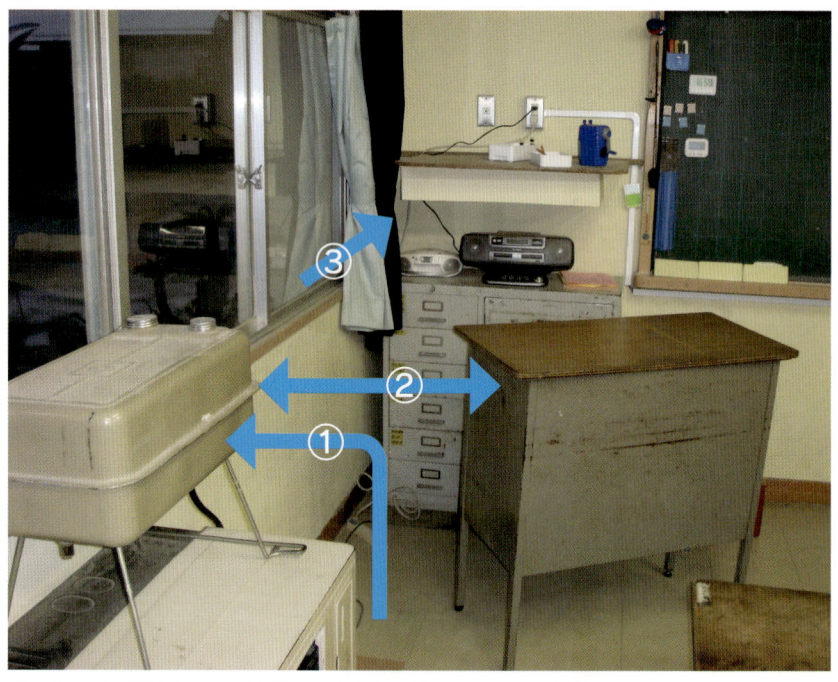

①ストーブの石油タンクが窓際の足場となり得たので、上に移動した。
　（なお、石油タンクは使用していない。）
②教卓は窓際から離し、乗った子が誤って落ちるのを防ぐ。
③暗幕・カーテンを使わないときは必ず ひもで縛ることを目印とした。
　暗幕・カーテンを広げるときは、窓を必ず閉める。

ストーブは足場となり得るが、据え置きのため移動ができない。
そこで窓ガラス留めを付け、10cm程度しか開かないようにした。
これで子どもが間違って上に乗っても、落ちる心配がない。

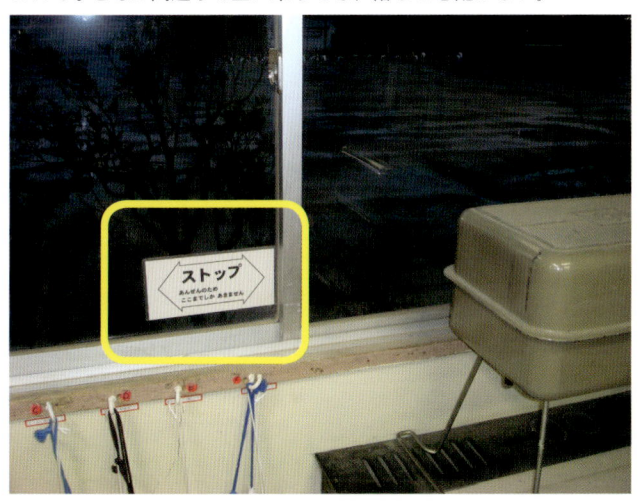

「ストップ」の紙の範囲しか窓が開かない。

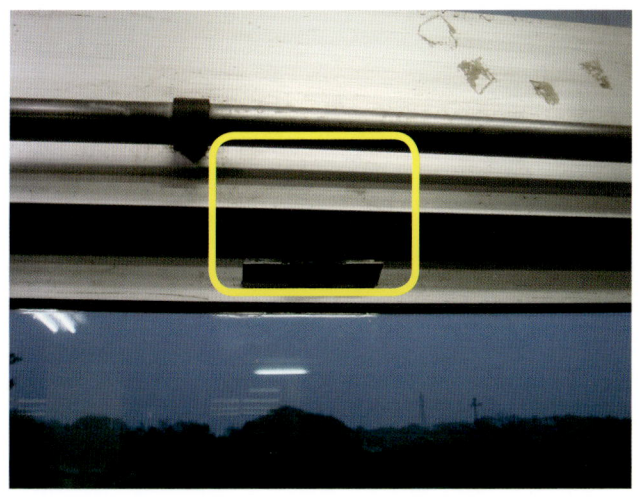

窓の上部にはストッパー。
両面テープで付けたのではなく、ドリルで穴を開け、ネジ留めする。
校長先生が、各階を回り、取り付けてくれた。

4 窓側① 落下の防止と、可能性の除去 ● 73

第Ⅱ章　教室インフラ整備　実践編

4 窓側②
足場の除去

窓際で足場になるものは、多々あります。
まずどけて、その先のことは、後から考えましょう。

窓際は足場の宝庫。

窓際にあった足場となる物を、とにかく移動させたことがありました。
窓から子どもが落ちる事故が当時、どこかであったからです。
足場になり得る物は、私の教室にも多々ありました。

窓際には映っていないが、以下の物を廊下側へと移動しました。
①教師用の仕事机
②頑強なボール入れ
③オルガン
④カラーボックス（本棚）
⑤給食配膳用の予備机

第Ⅱ章　教室インフラ整備　実践編

窓際に置けないとなると…廊下側に置かざるを得ない。
向かって左から順に、
教師用机、(支柱) カラーボックス、画用紙置き場、ボール入れ、予備机。

窓際から移動した物と、奥の棚との間に、中廊下のような通路が出来た。
意外と気に入っている。

なお、軽くて、乗るとひっくり返ってしまうカゴ類のみ、窓際に置いた。
カゴには水筒と、水やり用のペットボトルを入れた。
水筒は棚の上に置いたり、机の脇に掛けたりすると、
落下したときに蓋が破損するおそれがある。
そこで、低い位置に水筒を置いた。
水筒入れは、段ボールではなくカゴなので、濡れても破損しない。

4　窓側② 足場の除去

第Ⅱ章　教室インフラ整備　実践編

5 昇降口①
履き物を揃えると　心も揃う

下駄箱の履き物が乱れていたら、子どもが乱れている証拠。
履き物を揃えることで、子どもの心を揃えましょう。

なぜ、履き物を揃えることが大切なのか？

上段を上履き、下段を外履きなどと、ルールを決めます。
（上段・下段のない下駄箱もあります）
年間を通じて、粘り強く指導しましょう。
「上の段が上履き、下の段が靴」
というのは、学校が決めたくだらないルールです。
下の段に上履きを入れたって、特別汚れるわけではありません。
下の段に両方入れるのは、道徳的に悪いことでないはずです。
しかし、一事が万事。
下駄箱ルールは　ひとつの「リトマス紙」です。
教師のルールがどこまで浸透しているか、
手に取るように分かるのが 下駄箱 なのです。
下駄箱のルールを守れない子は、
総じて教室や学校のルールもないがしろにします。

履き物を揃えるということ。
たったそれだけです。
毎朝。
放課後。
子どもたちの履き物をチェックしてください。
乱れていたら、下駄箱に子どもたちを連れて行って、指導しましょう。
年間通して、コツコツ指導を重ねることが大切です。

> 『はきものをそろえる』
> 　　　　　　　　　長野県　円福寺元住職　藤本　幸邦
> はきものをそろえると　心もそろう
> 心がそろうと　はきものもそろう
> ぬぐときに　そろえておくと
> はくときに　心がみだれない
> だれかがみだしておいたら
> だまってそろえておいてあげよう
> そうすればきっと
> 世界中の
> 人の心も　そろうでしょう

「日本教育界最大の人物」と言われた　森　信三　先生も、
「しつけの三原則」の一つとして、
「ハキモノを脱いだら必ずそろえる子に」と言われています。

人の心は目に見えません。
しかし、ものを通して心の状態を推し量ることはできます。
履き物は特に油断するところですから、
深層心理が出やすいということでしょうか。
落ち着きのない子は特に、履き物が乱れています。
履き物を揃えることで、子どもの心も揃えていく。
大切なことだと思います。

第Ⅱ章　教室インフラ整備　実践編

5 昇降口②
履き物の揃え方

まずは個人が、左右一足の履き物を揃えることから。
次に、みんなで「入り船」や「出船」で揃えてみましょう。

揃え方の基本は、「入れて、引く」。

履き物について、まずは個人単位で揃えましょう。

左右が前後したり、片方がひっくり返ったりしてはなりません。

下駄箱のへり部分と合わせると、より美しく揃えることができます。

下駄箱のイメージ。上から見た図。

トン。

①履き物を入れる。

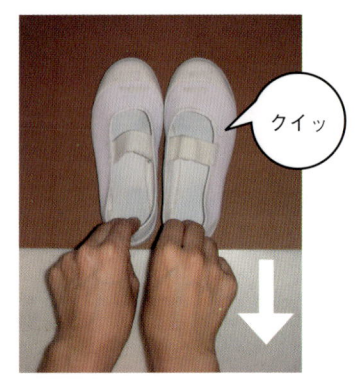

クイッ

②両手でちょっと手前に引き、揃える。

「入り船」による履き物の揃え方。

履き物のかかとが手前になることを
「入り船」といいます。
舟が港に入るときの状態に似ているからです。
車で言えば、いわゆる「前向き駐車」。
クラスみんなで「入り船」で揃えてみましょう。

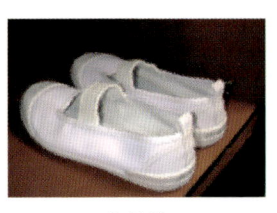

入り船

「出船」による履き物の揃え方。

いっぽう、上履きの指先が手前になることを、
「出船」といいます。
舟がすぐに港を出られるよう、
船尾を陸（岸壁）側に向けたときの状態に
似ています。
車で言えば、「後ろ向き駐車」。

出　船

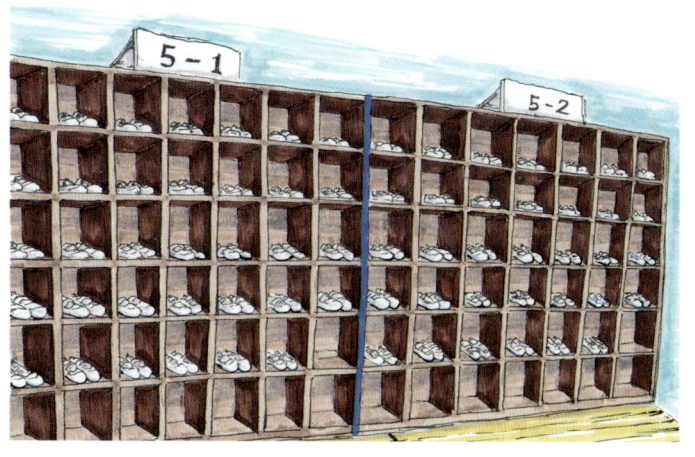

「入り船」ができたら、「出船」に挑戦してみるのはどうでしょうか。
履き物は下駄箱に入れてしまうので、
後ろ向き駐車のように、すぐに出発できるメリットはありません。
難易度も「入り船」より高めです。
しかしながら、「入り船」にはない「美しさ」があります。
学校全体の取り組みとなれば、集団美を見ることができるでしょう。
子どもたちが、学校全体が、落ち着くこと間違いありません。

みんなで揃えると、仮に一人乱れたとき、すぐに気づくことができます。
何かのサインかもしれませんから、特に気にかけましょう。

第Ⅱ章　教室インフラ整備　実践編

5 昇降口③
傘立て
〜忘れ傘・持ち主不明傘の防止〜

傘立ての傘に、番号の書いたビニールテープを貼りましょう。
置き忘れの傘や、持ち主の分からない傘の数が、大幅に減ります。

「これは誰の傘？」が学期末の恒例行事となっていませんか？

昇降口の傘立て。
何の戦略も立てず、また、指導もせずにいるとどうなるでしょうか。
置き傘や忘れ傘でクラスの傘立ては溢れかえるはずです。
学期末になって、慌てて たまった傘を子どもたちに返そうとします。
ところが名札を見ても、傘を広げても、持ち主の名前はありません。
教室に傘の束を持って行って、
　「これ、誰の傘ですか〜？」
　「じゃあ次、これは、誰のかな〜？」
　「…。」
　「では、ここに置いておくから、見ておくように！」
なんて、やっていませんか。
それでも持ち主はなかなか見つからないものです。
残念ながら倉庫行きになったり、処分したりするケースもあるでしょう。

学年や学校ぐるみでやると、効果倍増！

ビニールテープを切って、傘立てに貼ります。
そこに出席番号を振っておきましょう。
傘を入れておくところを決めるためです。
それだけで忘れ傘や、持ち主不明の傘が激減します。

雨の日の昇降口も、自分の傘を探す子どもで混み合うことがありません。
クラスで本実践を取り入れ、手応えを感じてもらえたら、学年へ。
そして学校全体へと、取り組みを広げてみてくださいね。

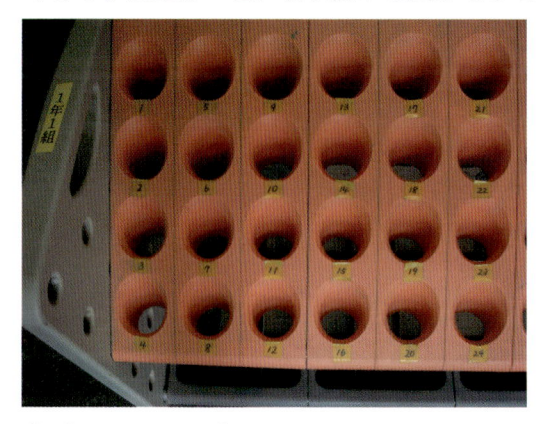

①ビニールテープを貼る。
②名前ペンで番号を振って、準備は完了。
※より効果ある番号の振り方と向きについては、
　「Ⅱ章　番号の配置と並び順の向き　143ページ」を参照。

たったこれだけの準備で、置き忘れが激減する。
番号を見れば、それが誰の傘なのか、すぐに分かる。
傘に氏名が書かれていなくても、場所で持ち主を判明できる。

第Ⅱ章　教室インフラ整備　実践編

6 黒板①
黒板とチョーク　それぞれの場所

毎日使う黒板とチョークです。
その使い方について、知っておくべきことを整理しましょう。

黒板　2つの箱の使い方

黒板の下、真ん中あたりに金属のケースが2つ ついています。
おもいきり引っ張って、粉やチョークをこぼした経験もあるはず。

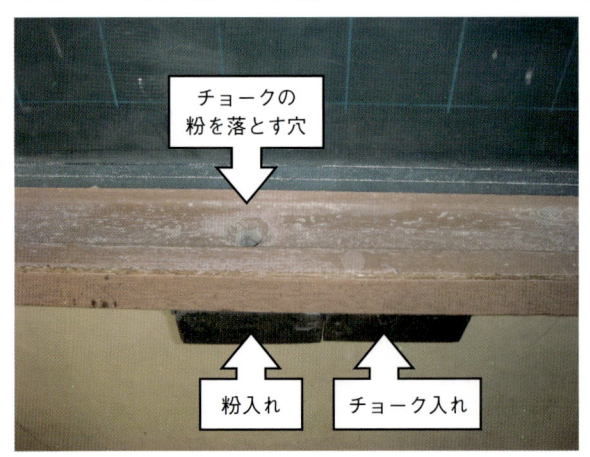

右の箱は、チョーク入れです。
未使用のチョークや、まだ使えるチョークを入れて保管します。
子どもがいたずらしそうであれば、空のままでも良いでしょう。

左の箱は、チョークの粉入れ。
よく見ると、上のみぞに穴があいています。
これは掃除がし易いようにあいているのです。
ミニほうきなどでチョークの粉を寄せ集めて、穴に落とします。

第Ⅱ章　教室インフラ整備　実践編

> 子どもが分かるように
> ２つの箱には、
> 目立たない色で　それぞれ
> 「こな」「チョーク」と
> 書いておく。

すると下の箱に粉が収まります。
それをゴミとして処分すれば良いのです。
粉入れですから、チョークを入れるのには適していません。
上から粉が落ちてきて、チョークが粉まみれになってしまいます。

箱を開くと、このようになります。

6　黒板①　黒板とチョーク　それぞれの場所　●83

第Ⅱ章　教室インフラ整備　実践編

6 黒板②
黒板とそのまわり

黒板は、できるだけ大きく広く使えるようにしましょう。
黒板のまわりも、刺激となるものをなるべく飾らないように心掛けましょう。

黒板と黒板のまわりは、できるだけシンプルに

黒板および、黒板の周辺は、
できるだけシンプルにしましょう。
黒板は大きく、広く使いたいものです。

黒板と、そのまわりの一例。

ポスターや手紙等を黒板に貼りっぱなしにならないよう、心掛けた。
前面の黒板には、
「教具も含め、黒板には一切貼らない」
「日付等も一切書かない」
という考え方もあるが、
なかなかそうもいかないのが現実。

黒板まわりにも、若干の掲示物や教具がある。
できるだけ、目立ちにくい色でおさめた。
　（Ⅱ章　擬態　28ページを参照）

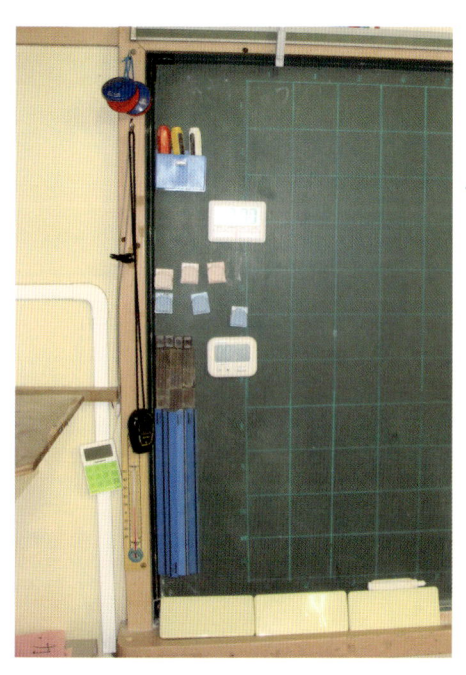

第Ⅱ章　教室インフラ整備　実践編

向かって左側の黒板隅。

・カスタネット
・チョークホルダー
・キッチンタイマー
・マグネットクリップ
・掲示用磁石（小）
・マグネット（大）

などの教具を常駐。

向かって右側の黒板隅。

・さんすう時計（教具）

（表示）
・日付と曜日
・六輝
・時間割
・日直
・欠席

※学年や実態に応じて、常時表示の内容を工夫する。

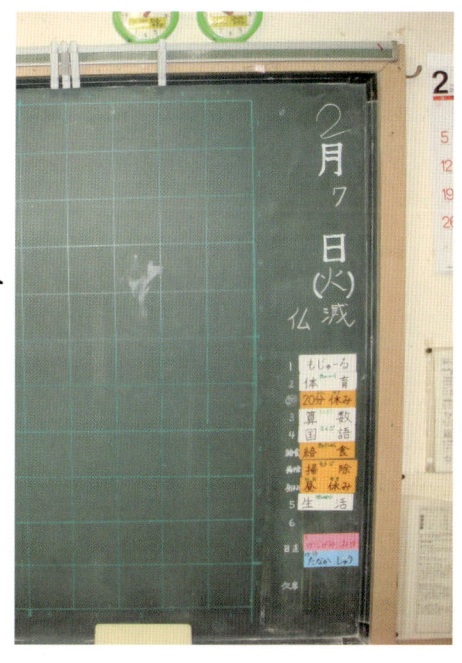

6　黒板② 黒板とそのまわり　● 85

第Ⅱ章　教室インフラ整備　実践編

6 黒板③
マス目を描いてみよう（前編）

黒板にマス目があると、板書が美しく、ノート指導も簡単になります。
マス目を描く際の、準備物について、紹介します。

マス目黒板は、最強のインフラ整備。

黒板にマス目を入れてみるのはいかがでしょうか。
板書に書く文字が美しくなったように見えます。
　（字の美しさは「バランスが決め手」だそうです）
マス目の罫線を頼りにすれば、板書が右下がりや左下がりになりません。
算数の筆算や位取りにもマス目があると　たいへん便利です。
結果として、子どものノートも美しくなるでしょう。

必要なのは、緑色のマジックと、根気と時間。
緑色のマジック（ポスターカラー）は100円ショップで購入できます。
夏季休業中をねらって、挑戦してみませんか？
黒板のマス目は、挑戦し甲斐のあるインフラ整備のひとつです。

マス目を描く際に、準備する物

① 緑色の水性マーカー（細字）　3本

水性の不透明ペンです。
黒板の色が深緑なので、それに近い目立たない色ということで、緑。
（模造紙に薄いグレーのマス目が付いていますが、そのイメージ）

教室の黒板1枚に1～2本分のインクを使用します。
しかし初めての場合、3本以上は用意することを強く勧めます。
・ほこり、チョークの粉、鉛筆の芯でペン先が汚れ、描けなくなった。
・インクが出ないからと、ペンを振り過ぎて、インクが流出した。
・インクが出ないからと、ペン先を押し過ぎて食い込んでしまった。
といったトラブルが起こり得るからです。

② 教師用三角定規（2つ）
まっすぐな線を描く際に使用します。
ふつうの定規よりも、三角定規2本をスライドさせて描いた方が、
平行な線を描けるのでオススメです。

③ 濡れ雑巾
水性ペン使用時、誤った線を描いてしまったとき、消すのに使います。
乾く前に拭き取れば、すぐに落とすことが可能です。

（その他、必要に応じて　④　下がき用鉛筆　⑤　消しゴム）
ぶっつけ本番でペン書きするのが不安な場合、
鉛筆で下がきすると良いでしょう。

第Ⅱ章　教室インフラ整備　実践編

6 黒板④
マス目を描いてみよう（後編）

教師用の三角定規を使えば、黒板に平行・垂直の線を簡単に引けます。
黒板の淵を底辺としてうまく利用してみましょう。

縦の平行線を描く

黒板の上部および底部に直角三角形を当てます。
底辺に対し垂直に引く線が、縦線です。
横へと移動させれば、平行の縦線が引けます。

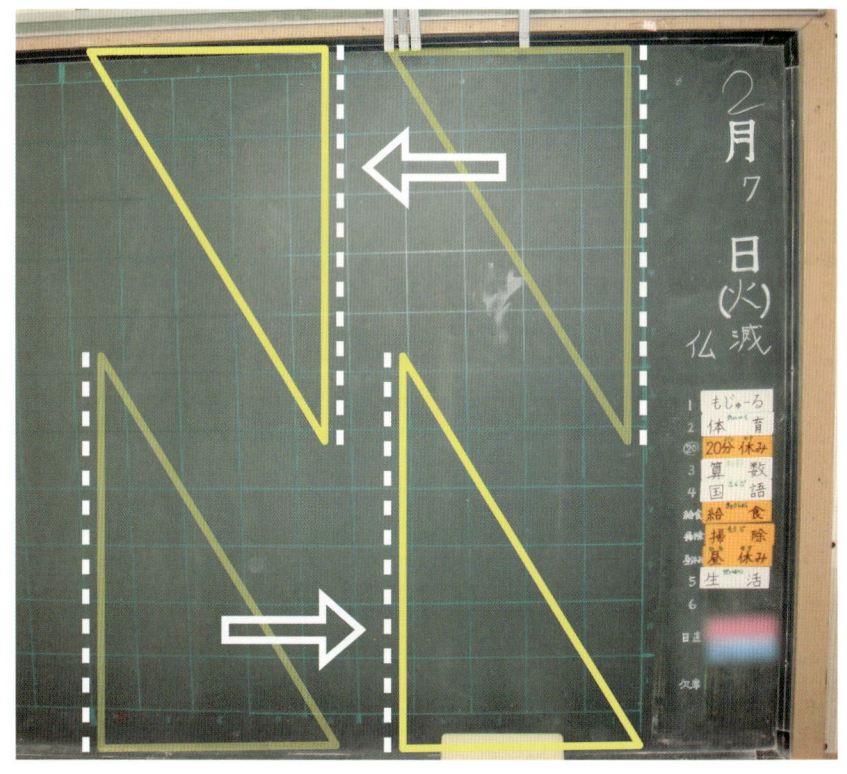

黒板上半分の縦線、次いで下半分の縦線を引きましょう。

横の平行線を描く

　２つの三角定規をうまくスライドさせると、簡単に横線が描けます。
黒板上部または底部の淵に一方の三角定規を当て、
もう一方の三角定規をスライドさせます。
描いた横線は、上部または底部に対し、平行な線になります。

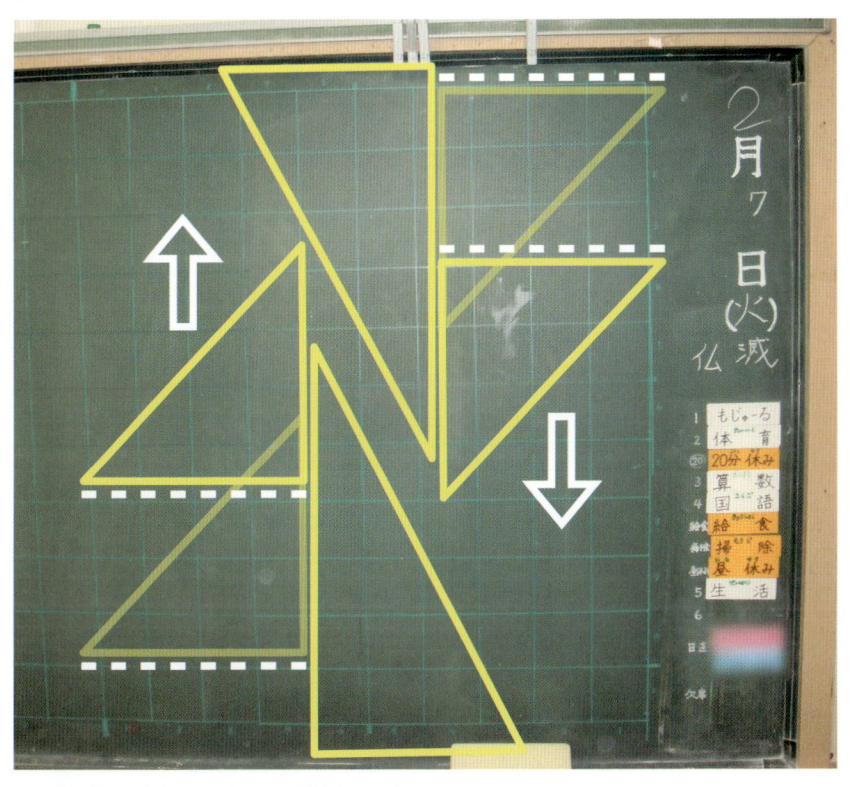

まず黒板上側、約半分の横線を引き、
次いで黒板下側、残った約半分の横線を引きます。
　（縦線がすでにある場合、縦線を目安としても良いでしょう。
　　その場合、スライド方式は不要です）

第Ⅱ章　教室インフラ整備　実践編

6 黒板⑤
黒板マス目のプラスα
～横書き・縦書き仕様～

黒板マス目の枠外に、横書き・縦書き用の補助数字等を入れると、板書をする際のたすけとなります。

黒板左側は、横書きノート用の仕上げをする。

算数・理科・社会など、横書きノートを意識したつくりにします。補助線や補助数字をマス目の枠外に書き入れましょう。

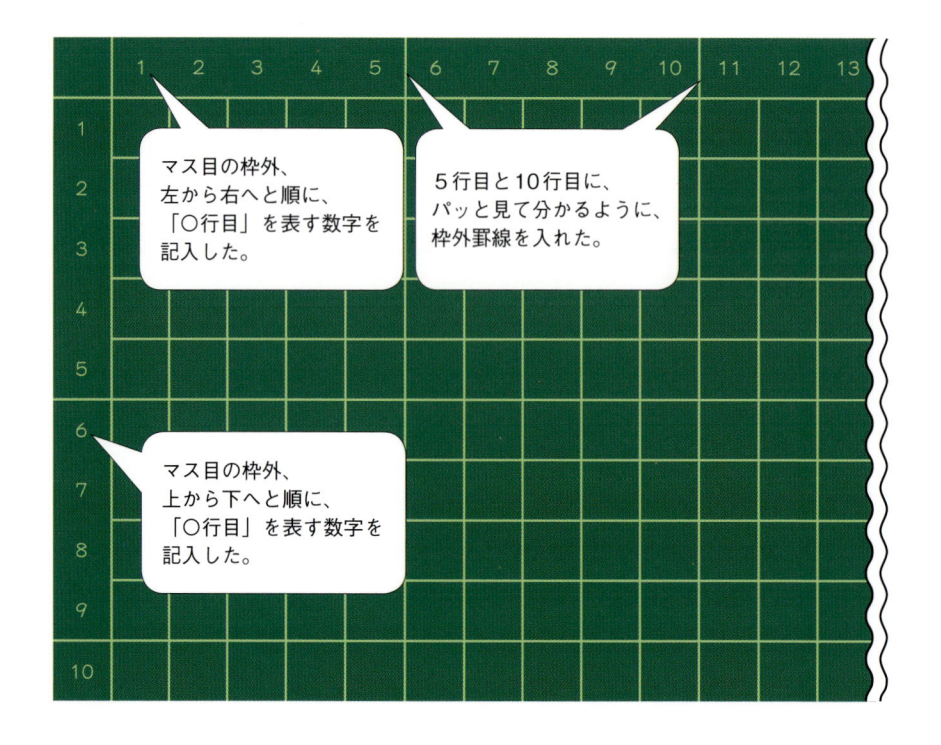

> マス目の枠外、左から右へと順に、「〇行目」を表す数字を記入した。

> 5行目と10行目に、パッと見て分かるように、枠外罫線を入れた。

> マス目の枠外、上から下へと順に、「〇行目」を表す数字を記入した。

黒板右側は、横書きノート用の仕上げをする。

国語の縦書きを意識したつくりにします。
作文や原稿用紙の指導、文字や漢字の指導のたすけとしましょう。

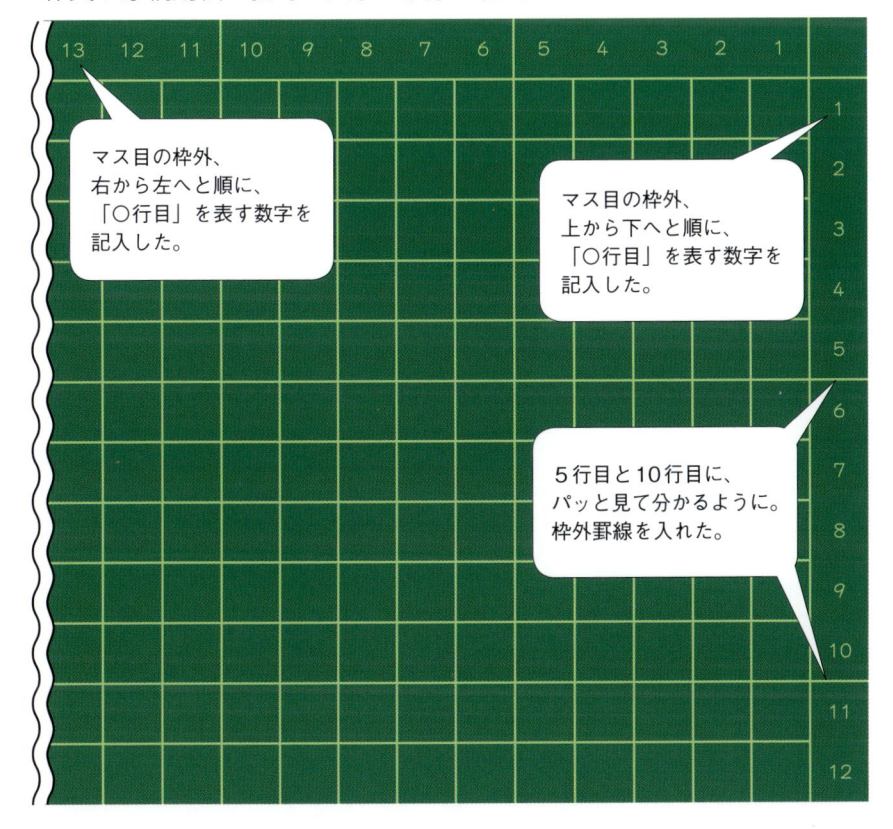

> マス目の枠外、右から左へと順に、「○行目」を表す数字を記入した。

> マス目の枠外、上から下へと順に、「○行目」を表す数字を記入した。

> 5行目と10行目に、パッと見て分かるように。枠外罫線を入れた。

黒板まん中は2枚目、またはフリースペース

横書きの場合は黒板左から、縦書きの場合は黒板右から。
残ったまん中は、いずれの続き（2枚目）にできます。
思考の流れ、絵や図を画くフリースペースとしても良いでしょう。
マス目黒板の使い方は、自由です。

第Ⅱ章　教室インフラ整備　実践編

6 黒板⑥
黒板マス目とノートの一体化

マス目黒板があれば、子どもの目線やノートの流れに沿った、配慮ある板書を書くことができます。

横書きの板書例　1年生　算数

> ノートに「12345678910＋ー」とあるので、緑チョークで同様の数字・記号を書いた。

（黒板例：
1 2 3 4 5 6 7 8 9 10 ＋ －
くり上がりのあるたしざん
9 ＋ 3 ＝ 12
○○○○○○○○○●
●●
3 ＋ 9 ＝ 12
○○○●●●●●●●
●●
くり上がりライン）

> 子どものノートが縦7マスなので、緑チョークで目印の線を入れた。（これより下は書かない）

> 子どものノートが横12マスなので、緑チョークで目印の線を入れた。（これより右は書かない）

子どものさんすうノートはこうなる

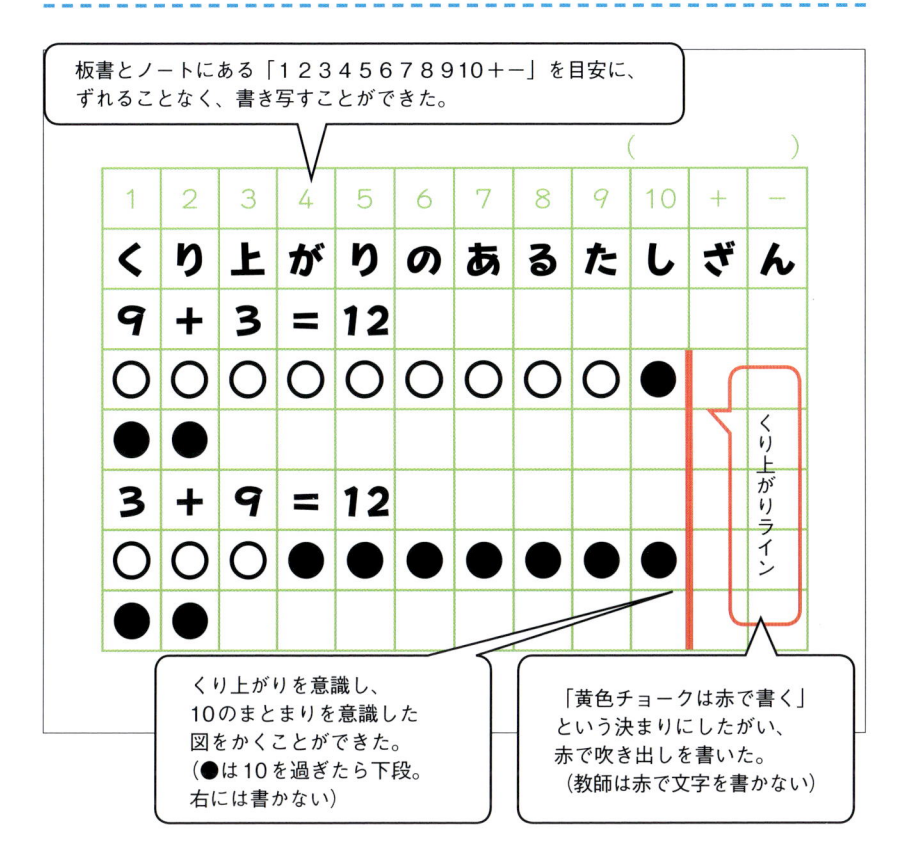

> 板書とノートにある「１２３４５６７８９１０＋－」を目安に、ずれることなく、書き写すことができた。

1	2	3	4	5	6	7	8	9	10	＋	－
く	り	上	が	り	の	あ	る	た	し	ざ	ん
9	＋	3	＝	12							
○	○	○	○	○	○	○	○	○	●		
●	●										
3	＋	9	＝	12							
○	○	○	●	●	●	●	●	●	●		
●	●										

くり上がりライン

> くり上がりを意識し、10のまとまりを意識した図をかくことができた。（●は10を過ぎたら下段。右には書かない）

> 「黄色チョークは赤で書く」という決まりにしたがい、赤で吹き出しを書いた。（教師は赤で文字を書かない）

教師が書いた板書を見ながら、子どもはそれをノートに写します。
したがって教師は、ノートを意識しながら板書をする必要があります。

慣れてくると、子ども目線に立った板書が書けるようになるでしょう。

第Ⅱ章　教室インフラ整備　実践編

6 黒板⑦
黒板マス目の罫線利用と適宜無視

毎回黒板のマス目に従う必要はありません。
縦罫線・横罫線として利用したり、無視したりすることも可能です。

縦書きの板書例　高学年　国語

```
イツモ シヅカニ ワラッテヰル
決シテ 瞋ラズ
欲ハナク
丈夫ナ カラダヲ モチ
雪ニモ 夏ノ 暑サニモ マケヌ
風ニモ マケズ
雨ニモ マケズ

　　　　　　　　　　　雨ニモ マケズ

　　　　　　　　　　　　　宮沢 賢治

　　　　　　　　　　瞋
```

高学年の国語ノートは行ノートが多いので、同様にした。
横の線は無視して板書する。
なお、子どもが写し間違えやすい箇所を黄色チョークで書いた。

マス目の適宜利用＆無視

1年生国語「にている かん字」。
似ている漢字について調べ、黒板に書かせた。
マス目を適宜利用することで、曲がらずに書けている。

6年生社会科「武士のくらし」。
マス目は完全無視、スピード重視で板書したときの様子。

第Ⅱ章 教室インフラ整備 実践編

6 黒板⑧
日付と日課のカスタマイズ

ペンキで書かれた日付や日課が古くて使いにくい場合があります。
それらを消して、実態に合った新しいものへと書き換えましょう。

毎日書く曜日・日課のフォーマットをカスタマイズ。

日付・曜日等は毎日書くもの、いわば「フォーマット」です。
フォーマットは今の学校・学級の実態に合っていますか？
現在の学校・学級が使いやすいように、「カスタマイズ」しましょう。
白いペンキで書かれた文字は、濡れ雑巾でぬらし、
消しゴム等でこすれば消すことができるかと思います。
消し終わったら、白い水性ペンを使って、
フォーマット部分を書き込んでみましょう。
また、今日の日課をマグネットで表示するのはいかがでしょうか。
中休み・給食・掃除・昼休みについても、マグネットを作りましょう。

終わったら、はがしたり、ひっくり返したりしよう。

たとえば１時間目が終わったら、そのマグネットをはがします。
　（両面の場合は、ひっくり返します）。
中休みまで、あと何コマか。
お楽しみの給食まで、あと何コマ、我慢すれば良いのか。
子どもはシビアに数えるものです。

マグネットを はがしたり、ひっくり返したりするのは、
けっこう気持ちがいいと子どもは言います。
　「やるべきこと」が書かれた付箋を１枚ずつ、
はがしていくような気分でしょうか。

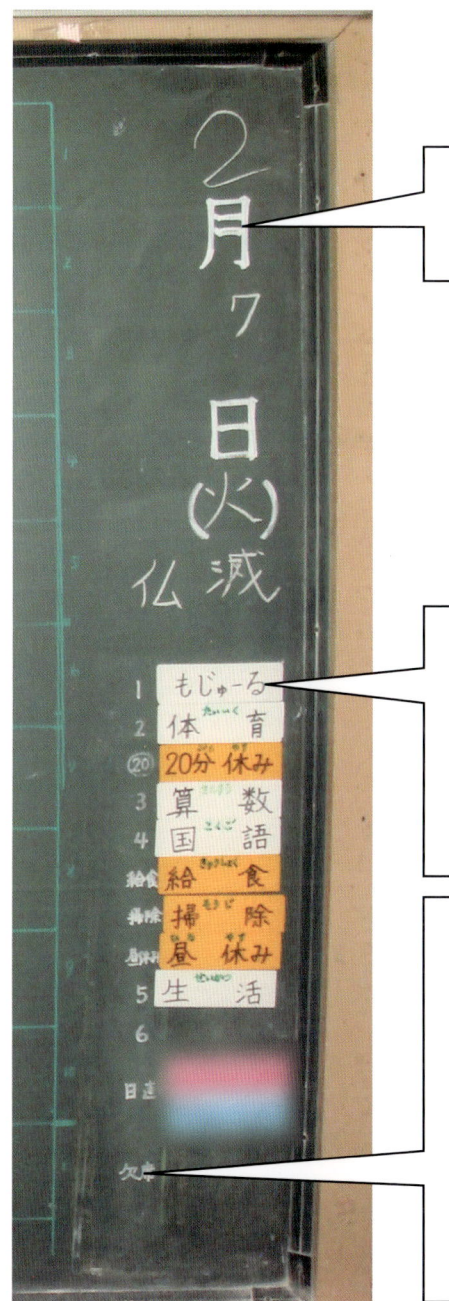

第Ⅱ章　教室インフラ整備　実践編

「月」「日」「（ ）」は、
白の水性ペンで描いた。
（濡れ雑巾と消しゴムで消える）

白のマグネットは教科等。
オレンジ色は休み時間等。
教科以外もマグネットで
視覚化した。

並べてみると、
学校は授業以外の活動も
多いことがよく分かる。

マグネットを並べやすいよう、
白の水性ペンで以下を記入する。

1～6：1～6時間目
⑳：20分休み（中休み）
給食・掃除・昼休み
日直・欠席　等を書く。

白の文字の間隔に注意。
マグネットがしっかり並ぶよう、
縦の幅を注意しながら
白の文字を書いた。

6　黒板⑧ 日付と日課のカスタマイズ　●97

第Ⅱ章　教室インフラ整備　実践編

6 黒板⑨
黒板Q＆A

黒板にマス目なんて描いてしまって、そもそも大丈夫？
マス目黒板についての疑問や不安にお答えします。

マス目黒板は、縦に何マスあれば良い？

低学年であれば、学年の始めに同じノートを購入することが多いので、それを目安としましょう。
ただし、1年生の初めてのノートは縦5マスや6マスしかありません。そのとおりに黒板にマス目を描いたら、8マス、10マスと増えていく2学期以降に対応できません。
1年生でも、縦に10マスあると、作文指導等で便利です。
高学年の場合、ノートは各自が用意することが多いので、
縦をどれくらいにするか、悩むところです。
算数ノートは一般的に18〜20行ほどあります。
1マス分のサイズを小さくしなければ描ききれません。
なお、学校や校舎によって、設置されている黒板の縦幅は異なります。

マス目黒板の、1マスのかたちや大きさは？

かたちは縦横同じ長さの正方形がベストです。
しかし、ゆがんだり、長方形っぽくなったりすることもあります。
1マスの大きさ、つまり正方形の一辺の長さですが、
低学年は1マス8〜10cm程度、
高学年は1マス5〜7cm程度が良いかと思います。
近視の子も増えているので、5cmだとちょっと厳しいかもしれません。
試しに5cm、6cm、7cmと、
大きさを変えた文字をチョークで書きます。

そして、子どもたちにどのサイズが適当か、見てもらいましょう。
子どもたちの声を参考に判断するのも、ひとつのやり方です。

年度末に、描いた黒板のマス目は消すの？

次にその教室を使う先生に、念のため確認しましょう。
「描いた黒板のマス目が残っていますが、消しましょうか？
　それとも、うすくなったところとか、なぞっておきましょうか？」
今まで30枚近い黒板にマス目を描いてきましたが、
自分の経験では、消してくれと言われたことは一度もありません。
うすくなったところを濃くなぞったり、
マス目のない学年に描いて回ったりしたことは多々あります。
サイズがちょっと合わないからと、書き直したことは、何度かあります。

マス目黒板を広げます

慣れてくると、黒板1枚 2時間もあれば十分描くことができます。
慣れたからといって、自分一人でさっさと描くのではなく、
後輩や若手、背の高い先生を引き連れて描くことをすすめます。
描き方を覚える先生が、どんどん増えるからです。
学年でマス目を統一すると、効果は倍増です。
学年が変わっても、違う学校に異動になってもきっと、
マス目黒板の良さを知った先生は、マス目を描いて回るでしょう。

第Ⅱ章 教室インフラ整備 実践編

7 時計①
60進法を「5とび」で表示

低学年の教室時計には、長針の数字を表示しましょう。
何度も目にすることで、覚えることができます。

時計の読み方について、理屈は後回し。
日常的に目に触れ、覚えさせる。

時計指導の難しさについて、ここで詳しくは触れません。
10進法を習い、「59、60、61…」と数える練習をしている子に、
もう一方で「59、0、1…」とやるわけです。
10進法と12進法・60進法の違いについて、
どうして？　と聞かれても、なかなかうまく答えられません。
10進法はおそらく人間の指の数に由来し、
12進法・60進法は旧暦または太陽暦、約数の多さに関係し…
などと一生懸命説明すればするほど、子どもは混乱するものです。

長針の読み方も同様です。
「11なのに、なんで55分と読むのですか？」
という質問に対し、
「11×5＝55」というように5倍すれば良いとか、
「11÷0.2＝55」というように0.2で割れば求められるとか、
教える必要があるのでしょうか。
理屈はどうであれ、無理矢理にでも覚えねばならない、それが時計です。

というわけで、時計の長針が読めない低学年の教室には、
「○分」の数字（5とび）を常時添えてやることをすすめています。
時計の読み方を覚えたら、再度─

第Ⅱ章　教室インフラ整備　実践編

10進法と12・60進法の違いや由来、それらの魅力について、
熱く語ってみるのも面白いかもしれませんね。

死角防止用の
隙間

1年生教室の時計。
1～12の数字の周りに、「5とび」を表示した。
（学年を組んだ若い先生が、お花のように可愛らしく飾り付けてくれた）
長針そばのお花を見れば、おおよそ「何分」かが分かる。

なお、時計そのものの数字のそばには、お花を貼っていない。
見る角度によって時計のへりが死角となって、
お花に書かれた数字が見えにくくなることが分かったからだ。
少し間を空けてお花を貼ることで、
教室の端の子にもお花の数字がよく見えるようになった。

7　時計① 60進法を「5とび」で表示　● 101

第Ⅱ章　教室インフラ整備　実践編

7 時計②
デジタル時計との併用を

教室のアナログ時計のそばに、デジタル時計を取り付けましょう。
両者の時計を見比べるうちに、時刻を読む癖が身に付きます。

アナログ時計とデジタル時計の往復が有効

長針を読ませるために、5とびの数字を時計のそばに貼りました。
しかし、それだけですぐに時刻を読めるようになるとは限りません。
「8時59分」を、「9時59分」と間違える子がいるかと思います。
「〇時」について、短針のより近くにある数字で読んでしまうのですね。
長針の6を過ぎると、つまり30分を過ぎたところで、
短針は次の「〇時」の数字に近づいてきます。
それを見て、子どもは「〇時」を繰り上げてしまうようです。

こうしたミスについて、上記のような難しい理屈をこね回すよりも、
子どもたちの目線を繰り返し往復させたほうが、効果があります。
目線の往復とは、アナログ時計とデジタル時計の行き来のことです。

〈アナログ時計　→　デジタル時計〉
①まずアナログ時計を見て、現在の時刻を予想する。
②次にデジタル時計を確認し、自分の予想時刻と照らし合わせる。

〈デジタル時計　→　アナログ時計〉
①まずデジタル時計を見て、現在の時刻を確認する。
②次に、頭の中でアナログ時計の針の位置を思い描く。
③最後に、アナログ時計を見て、頭の中のそれとずれがないか確認する。

このような経過を踏んで、子どもは時計が読めるようになるのです。

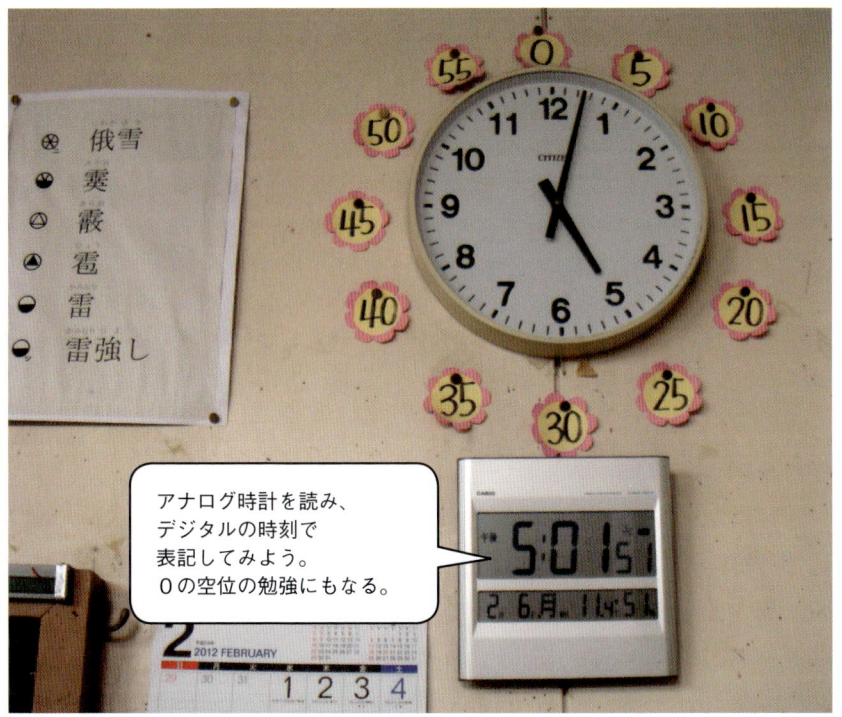

> アナログ時計を読み、デジタルの時刻で表記してみよう。
> 0の空位の勉強にもなる。

教室のアナログ時計のすぐ下に、デジタル時計を併設した。
（お花の時計を植木鉢に入れたみたいだ♪）
先生、今 何時ですか？　と、いちいち聞かれなくなった。
子どもたちが自分自身でアナログとデジタルの時計を見比べ、
読み方や違いを意識するようになる。
（「このアナログ時計、30秒くらいずれていますよね」とか言う。）

デジタル時計はホームセンターなどで比較手に安価に手に入る。
数字が大きいものが良いだろう。
なお、私は温度・湿度も分かるものにした。
慣れてくると子どもは、体感でおおよその温度・湿度を当てる。

第Ⅱ章　教室インフラ整備　実践編

7 時計③
さんすう時計の活用

学校生活を送る上で、すぐにでも覚えてもらいたい、日常の時刻。
さんすう時計を掲示することで、アナログ感覚で覚えられます。

口で説明するより、さんすう時計。

学校生活を送るうえで、子どもに覚えてもらいたい、学校の定番時刻。
休み時間の終わりの時刻などは、すぐに覚えてもらいたいものです。
しかし、「10時40分です」などと教えても、
時計を読めない1年生には、それが分かりません。
「短い針が10と11の間で、長い針が8のところに来たら…」
などと毎回言っても、なかなか伝わりません。
ですから、アナログ時計の絵や図を用意する必要があるのですが、
時計の数字や秒針の入った絵や図を作るのは、けっこう面倒なもの。

そこで、「さんすう時計」の出番です。
さんすう時計とは、算数の時計の学習に使う教具のこと。
さんすう時計は、教材室や算数教室などに、大量に保管されています。

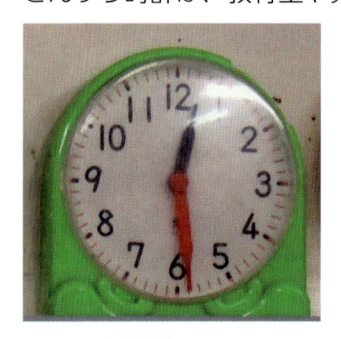

さんすう時計。
これを複数個、拝借しましょう。

そして、黒板の上などに掲示します。

定番時刻を秒針で表し、それを黒板の上に立てかける。
定番時刻とは、たとえば次のような時刻のことです。

学校の共通時刻

・中休み終わりの時刻（教室に戻る時刻）。
・昼休みスタートの時刻（校庭に出てもよい時刻）。
「10時35分～11時40分」というように、
キリの良い5分、10分刻みになっていることが大半です。

クラスで決めた時刻

・4時間目終了後、手洗い・うがい等を済ませ、座って給食を待つ時刻。
・おかわり開始時刻とおかわり終了時刻。
・ごちそうさまの時刻。
5分刻みではなく、あえて分刻みで設置しましょう。
（「12時33分」など）
「39分」などの細かい長針を読む練習にもなります。

自習時にも「さんすう時計」は効果を発揮します。
黒板上に置き、「　↑　帰りのしたく」などと書けば、
子どもがそれを見て判断し、動けるようになるでしょう。

第Ⅱ章 教室インフラ整備 実践編

8 掃除用具入れ
　フックには用具の名称と絵を記入

閉じられた空間である掃除用具入れは、特に乱れやすいところ。
何をどこに収納すべきか明らかにし、乱れを未然に防ぎましょう。

乱れやすい掃除用具入れにこそ、教師の強烈なメッセージを。

掃除用具入れには扉がついていて、中が見えないようになっています。
暗くて狭い空間が、子どもは大好きです。
低学年の子どもは特に、その傾向が強いように思います。
子どもの頃、掃除用具入れの中に入り、自ら扉を閉める─。
暗いところから、明るい教室を覗いてみたり、
誰かに気づいてもらおうと、声を出したり。
掃除用具入れを舞台に遊んだ経験もあるのではないでしょうか。

掃除用具だけではなく、子どもたちまで出入りする掃除用具入れ。
それだけに、油断するとすぐ、乱れてしまいます。
たとえば、ミニほうき、ちりとりが落ちていて、
それらには、子どもが踏みつけたような跡が残っていることも。
ほうきは、フックにかかっておらず、立て掛けてあるだけ。
立て掛ければ、ほうきの毛先は、自身の重みで癖がついてしまいます。
その毛先をまた、掃除用具入れに入った子どもが、踏みつける。
ちゃんとフックにかかっていたほうきまで、ひもが切れる。
ひもが切れれば、ほうきがまた一本、下に落ちる。

教師の目が届きにくい掃除用具入れは、特に乱れ易いところ。
「破れ窓理論」のように、それを放置すれば、ますます乱れていきます。
ぞんざいに扱わせたり、遊び場にさせたりするのを防ぎましょう。

第Ⅱ章　教室インフラ整備　実践編

ここでは、名称と絵で収納場所を明らかにする管理方法を提案します。

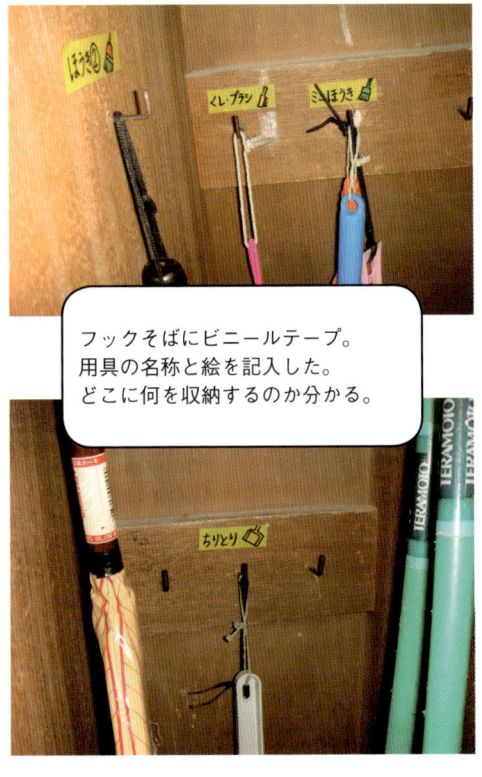

> フックそばにビニールテープ。
> 用具の名称と絵を記入した。
> どこに何を収納するのか分かる。

掃除用具入れの中。
用具入れも、掃除道具も古いものだが、整然と並んでいる。
ほうきの毛先が傷まないように、また、放り投げて入れないように、
全ての用具にひもを付け、ぶら下げるかたちとした。

（毛先が傷まないよう、ほうきの柄を下にして立てかけると、
扉を開けたとき、ほうきが次々と倒れて出てきてしまう。
バケツやちりとりを出したとき、「ほうき雪崩」が起こることも。）

ひも穴のない用具にも、柄にひもを付け、ガムテープで補強した。
これら、少しの労力で、その後の乱れが激減すること請け合い。

8　掃除用具入れ　フックには用具の名称と絵を記入　● 107

第Ⅱ章　教室インフラ整備　実践編

9 机・椅子①
教室の両脇にもスペースを

教室の机の配置は、水路のように流れを意識することが大切です。
まずは窓際・廊下側の壁と、机との間を空けましょう。

通路は水路に同じ。

教室の流れを良くしましょう。
　「流れ」とは、通路を通る教師や子どもの動きやすさのことです。
通路が狭かったり、詰まっていたりしたら、
そこを広げてやることが大切です。

窓側　　　　　　　　　　　　　　　　　　　廊下側

通路は、「水路」のように、よく流れることが大事。
お堀の水も、田んぼの水も、水の流れが悪くなりと、
生き物も作物もよく育たず、ダメになってしまう。

窓際の壁に机が付いていたり、
同じく廊下側の壁に付いていたら、
そこで流れは止まってしまいます。
教師も子どもも、通ることができません。

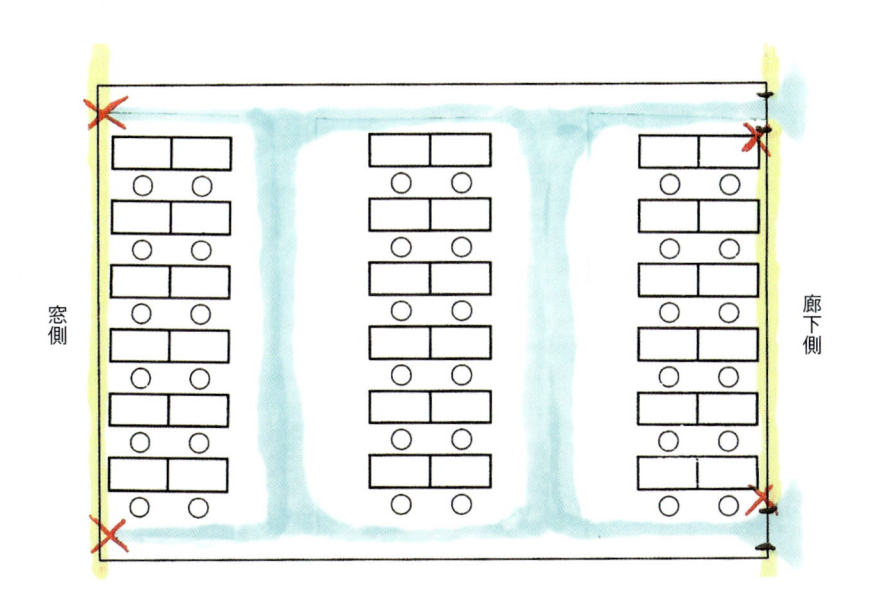

水路の水が流れない。
教師が机間指導をするにも、
窓際・廊下側の子が席に座るにも、一苦労だ。

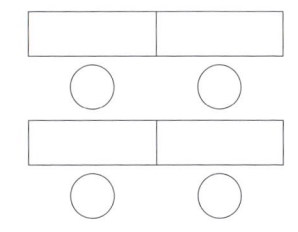

なお、机の間には椅子があり、人が座る。
前後の机と机の間は、
ほとんど流れがないと思って良いだろう。

9　机・椅子① 教室の両脇にもスペースを　●109

第Ⅱ章　教室インフラ整備　実践編

9 机・椅子②
横にも水路を作ろう

縦だけではなく、横にも流れを作りましょう。
子どもがいっそうテキパキと動けるようになります。

「川」よりも、「田」。

通常、スペースを取るのは大きな「川」の部分。
教室空間を縦に切って、その幅を広げ、流れを確保します。
しかし、横にも切って、その幅を広げ、流れを作ってみましょう。
よりいっそう、流れが良くなります。

田んぼの「田」のように、横にも切る。
横の水路が出来上がった。
ドジョウもアメンボも、縦横無尽に活き活きと泳ぐ。
子どももきっと、そうだ。

では、30人学級、5人ずつ6班の場合、
横にうまく切ることができません。

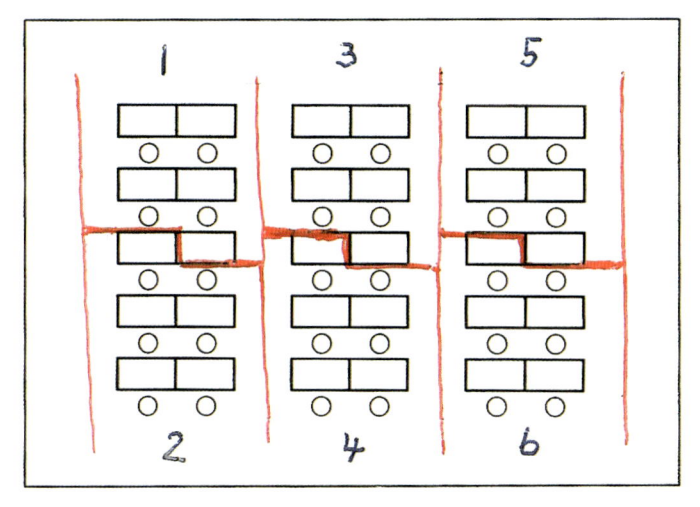

どのように分ければ良いのでしょうか？

前2列、後ろ3列を境に切るのはいかがでしょうか。
班の人数の分け方（5人ずつ）と、
机の分け方（前4人、後ろ6人）は異なります。
しかし、それでも効果的です（理由は後述します）。

9　机・椅子② 横にも水路を作ろう ● 111

第Ⅱ章　教室インフラ整備　実践編

9 机・椅子③
詰まりそうになったら、広げて流す

人数が割り切れないとき、席はどう配置すれば良いでしょうか。
詰まらせず、ちゃんと流れるようにすることが肝心です。

1人はかわいそう、でも詰まったら、みんながもっとかわいそう

クラスの人数は、キリの良い36人とは限りません。
もしも、1人多い、37人学級だったら、
どのように席を作れば良いでしょうか。
奇数だからといって、1人で座らせるのは ちょっと…。

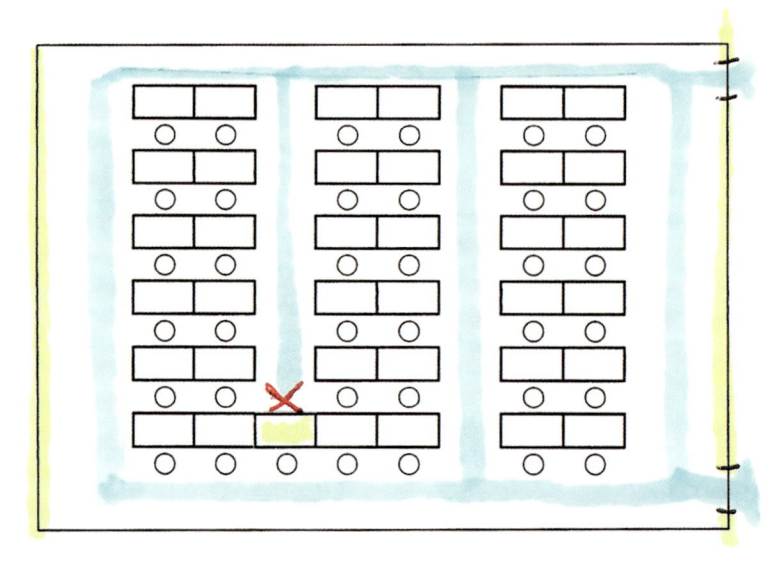

1人で後ろにポツンと座らせるのは、かわいそう。
だから、つなげてみたのだが…

しかし、これでは流れが止まってしまう。
どうすれば良いだろう？

112

窓側であれば、なんとか大丈夫。
やや狭くなったが、流れを止めずに済んだぞ。

廊下側の端でも良いだろう。
まん中の通路よりは、幅がある。

端数が出てしまったときでも、
必ず「水路」が流れるようにすること。
たとえ狭くなっても、通れるだけの幅は、確保したい。

第Ⅱ章　教室インフラ整備　実践編

9 机・椅子④
丸付けの一方通行は、黒板が見えるように

丸付け、手紙の配布は、決まった場所で、一方通行で行いましょう。
その際、黒板が隠れないよう、位置を工夫することが大切です。

一方通行にも、その向きを工夫しよう。

子どもの流れを一方通行にしましょう。
ノートを持って来させ、丸付けをするときや、
手紙・プリントを取りに来させるとき。
一方通行にすることで、子どもの動きがよりスムーズになります。

教師

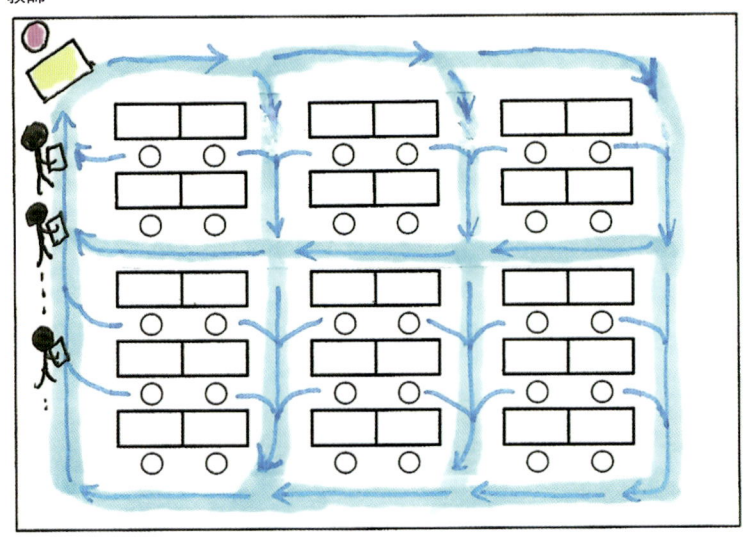

図は、時計回り。
教師は決まった位置で待機し、丸付け。
子どもは窓際を前方へと進んでいく。

第Ⅱ章 教室インフラ整備 実践編

では、流れの向きを逆方向（反時計まわり）にするとどうだろう。
列ができてしまったときに…

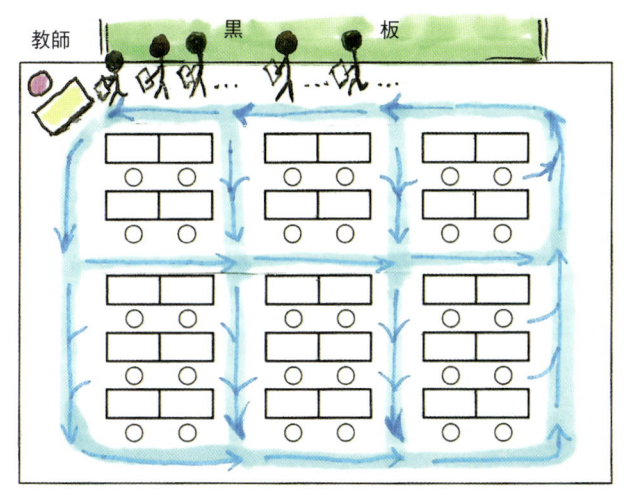

「黒板が見えない！」
「邪魔だからどいて〜！」

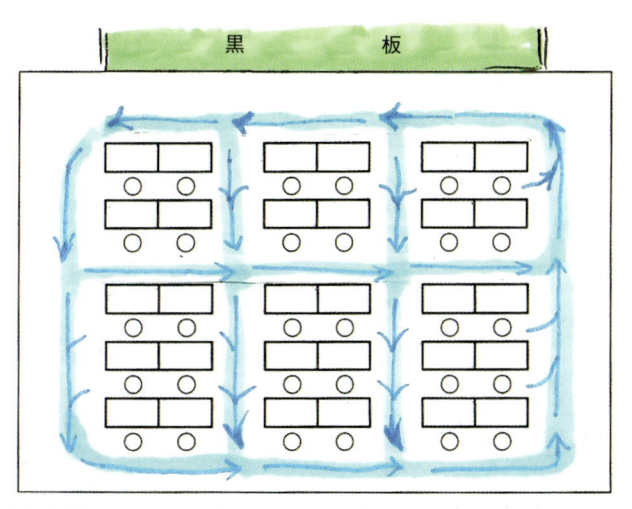

反時計回りにしたい場合、
たとえば教師の机は、どこに置けば良いだろう？
黒板が隠れないように、書き込んでみよう。

9　机・椅子④ 丸付けの一方通行は、黒板が見えるように　●115

第Ⅱ章　教室インフラ整備　実践編

9 机・椅子⑤
横の流れに乗って、ショートカット

横の通路は近道用。
前列の子は得した気分になります。

ショートカットで得した気分

一方通行にすると、たしかに流れは良くなります。
しかし、教室後方へ ぐるっと回るのを面倒だと思う子もいるものです。
そこで、ショートカット。

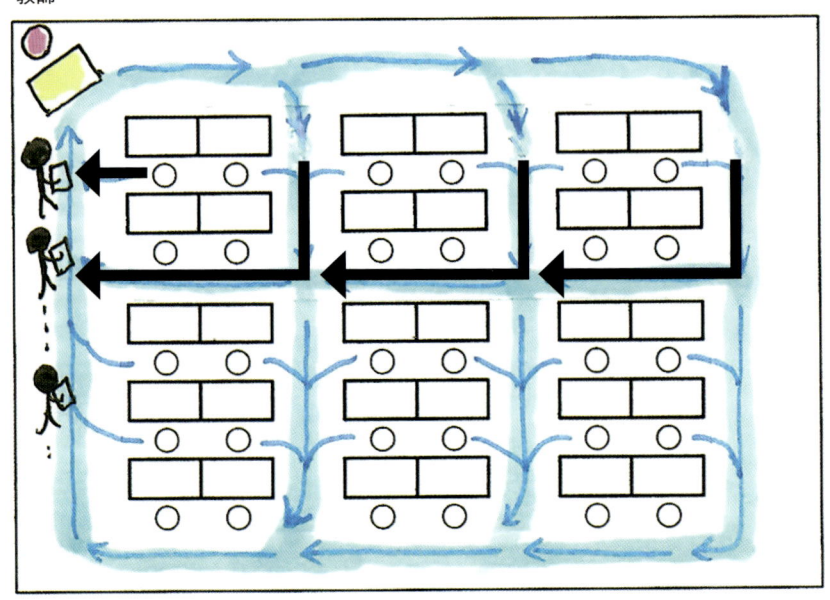

前方2列目と3列目の間にある、横の流れから、先回りが可能。
ちょっと得した気分です。

116

教室の前列には、活発な子や配慮を要する子が多いと思われます。
ショートカットできる、横の流れが大いに役立つでしょう。

確認すると、前から2列目の3列めの間に、広い幅。

教室のスペースに余裕があるならば、
1列目と2列目の間にも、広い幅を持たせましょう。
1列目の子が、さらにショートカットできます。
より速く、短距離で、教師のもとへ向かうことが可能です。

第Ⅱ章　教室インフラ整備　実践編

9 机・椅子⑥
椅子と雑巾

椅子に吊した雑巾が、すぐ床に落ちることはありませんか。
ちょっとした工夫で、落ちるのを防ぐことができます。

クイズ「2枚の写真の、違いを探せ」。

下の2枚、大きな違いがあります。
それは、何でしょうか。

それは、吊された雑巾の高さです。
洗濯ばさみのひも（プラスチックのひも）に、秘密があります。

第Ⅱ章　教室インフラ整備　実践編

洗濯ばさみのひもを
椅子のパイプ「1本」にくくり付けている。
雑巾は地面を引きずり、踏まれたり、床に落ちたり、汚れたりする。
教室に雑巾が多々落ちている場合、これが原因。

洗濯ばさみのひもを
椅子のパイプ「2本」にくくり付けている。
その分、ひもが短くなり、吊された雑巾が持ち上がる。
雑巾が床に落ちるリスクが減る。

9　机・椅子⑥ 椅子と雑巾

第Ⅱ章　教室インフラ整備　実践編

9 机・椅子⑦
下校時の机・椅子がまっすぐ

下校後の机がずれていたり、椅子が出しっぱなしだったり。
ちょっとした工夫でそれを防ぐことができます。

下校後の教室を「机・椅子まっすぐ」の状態にしたい。

帰りの会で揃えたはずの机や椅子。
それなのに、下校後、乱れていることがあります。
机の縦・横がずれていたり、
椅子が出しっぱなしになっていたり。
それを放課後　毎日、担任が直していたら、疲れてしまいます。
日直に直させるのも、たいへんです。
机・椅子揃え当番にやらせていては、彼らの帰りが毎日遅くなります。

もちろんクラスの子どもたちに日頃から、
　「机や椅子をしっかり揃えてから下校しなさい」
と言って聞かせるのも、たしかに大切なのでしょう。

しかし、毎日ガミガミと、あるいは延々と叱るのもイヤなもの。
厳しい指導をせずに済むような良い方法はないものでしょうか。

もちろん、あります。
それは、子どもたちの「帰りたい欲求」を利用した方法です。

①日直　→　②子どもたち　→　③教師

この順で「さようなら」をします。
さいごの「③教師」がポイントです。

【机・椅子が乱れやすい、ざわついた下校の仕方】

①日直　　　　　　　　「さようなら」
②教師・子どもたち　　　　　　　「さようならー‼」

日直の「さようなら」を合図に、
ワーッと、子どもたちが一斉に教室から飛び出すのではないでしょうか。
その際、揃えたはずの机や椅子が乱れるのです。

【机椅子が乱れない、落ち着いた下校の仕方】

①日直　　　　　「さようなら」
②子どもたち　　　　　　「さようなら」
③教師　　　　　　　　　　　　　「………。さようなら」

子どもたちが「さようなら」と言った後の静粛の時間に、
教師は、黙って、厳しい目で教室内を じろじろ見渡します。
机や椅子が乱れていないか、くにゃくにゃ動いている子はいないか。

「…やり直し。先に帰ろうとフライングして、動いた人がいます」
「…やり直し。椅子を引かずに帰ろうとしている人、いますね」
「…やり直し。机が線に揃っていない班があります」

子どもは帰りたくて仕方ありませんから、
教師の言うことをよく聞きます。
「さようなら」の主導権は、教師にあり。
教室の机・椅子がきっちり揃った状態で、下校です。

なお、給食の「いただきます」も、同様にできます。
やってみましょう。

第Ⅱ章　教室インフラ整備　実践編

9 机・椅子⑧
子どもの机は、まな板と同じ

1時間の授業で使う物を全て、机の上に出しておくということ。
それは効率的なことではありません。

ある日の、国語の時間。

子どもの机の上には、次のものがありました。
①国語の教科書
②ノート
③筆箱
④下敷き
⑤漢字スキル
⑥国語辞典
⑦本日の授業で使うワークシート
⑧音読集

まずは、音読。
音読集を開いて、音読をしました。
次いで、漢字練習。
漢字スキルを開いて、新出漢字の練習をしました。
早く終わった子は、辞書引き。
辞書を引いて、付箋を貼ったりしました。
その後、教科書の音読。
教科書教材をみんなで読みました。
さあ、本時のメインは、教科書教材の読解。
黒板に提示された「めあて」について、
自分で考えたことや、クラスで話し合ったことなどを

第Ⅱ章　教室インフラ整備　実践編

ワークシートに書き込んでいきました。
授業の組み立ては良いと思います。
子どもを飽きさせないような工夫が多々ありました。
教師は工夫をしたし、子どもたちも頑張った—
しかしながら、学習の成果はそれほどではないと思います。

なぜならば・・・
子どもたちの机の上は、こんな状態だったからです。

> まず、大根を切ってください

> その前に、まず、やるべきことは…

大根を切ることを難しくしているのは、何でしょうか。
大根を切ることくらい、本来それほど難しくないはずです。
子どもたちはきっと、わずかな空きスペースを使って、
一生懸命 大根を切っていたのでしょうね。

子どもの机の上は、まな板と同じ。
大根を切らせるために、まずやるべきことは—

「ほかの物をどける」のが良いに決まっています。

9　机・椅子⑧ 子どもの机は、まな板と同じ

第Ⅱ章　教室インフラ整備　実践編

9 机・椅子⑨
まな板の上では、一つずつ切るのがベスト

授業では、その都度必要なものだけ机の上に出しましょう。
そのほうが、学習効果を期待できるからです。

子どもの机の上も、原則　一場一物。

使うもの以外、机の上には置かないのがいちばんです。
使うときが来たら取り出し、使い終わったら、しまいましょう。
たとえば先のように授業をする場合の代案は、こうです。

まずは、音読。
→　音読集だけ机に出せば良いのであって、ほかの物は要りません。
　　教科書やノートは今は使わないので、いったんしまわせます。
　　なお、授業が必ず音読集から始まるのであれば、
　　音読集だけ机の上にある状態でスタートするのが良いでしょう。

次いで、漢字練習。
→　同じく、机の上に必要なものは漢字スキル、
　　それに鉛筆と下敷きだけ。
　　授業冒頭の音読集も、もう使わないので、しまいます。

さあ、本時のメインは、教科書教材の読解。
→　必要なのは、教科書とワークシート。
　　それに国語辞典も必要でしょうか。
　　ノートは使うときだけ取り出したほうが良さそうです。

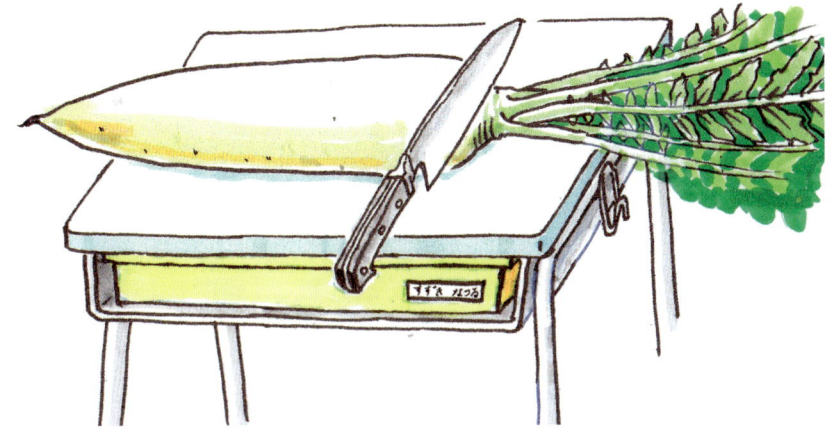

まな板の上は、その都度片付けていく。

大根を切る場合、魚や肉をどければ、大根に集中できる。
きっと、さっきよりも上手に切れるだろう。

同様に、机の上の不要なものをどければ、集中力が高まる。
頭の中が整理されるので、処理能力が増す。
発想も豊かになるだろう。

なぜ、処理能力が増し、発想が豊かになるのか。
それは、まな板の上に余計な物がないから。

余計な物がなく、広いスペースがあれば、
包丁を思う存分、スピード感を持って動かすことができる。
それが、処理能力が上がるということだと思う。

包丁を自由自在に動かせればきっと、
いろいろな切り方ができるかもしれない。
それが、発想が豊かになるということだと思う。

これからも、まな板は、広く使いたい。

第Ⅱ章　教室インフラ整備　実践編

9 机・椅子⑩
スッキリメモリ　～学級通信より～

「スピード視写」の場面を例に、
机の上の学習用具について、考えてみましょう。

「集中」を妨げる要因を取り除くことに、「集中」してみよう。

前勤務校で行っている、「全校視写」。
5分間で、多くの文字を書くことを目的にした朝の活動です。
お手本となる名文は、繰り返し使うため、ファイルに綴じています。
子どもが記入する用紙は、原稿用紙を印刷したものを使用しました。
お手本が同じ題材ならば、2回目3回目と繰り返すほど、
子どもは多くの文字数を書けるようになります。
しかし、いくつかの課題にもぶつかりました。
当時の学級通信から、考察してみましょう。

スピード視写をしているときの、子どもの机の上（当時）。
お手本の紙ファイル、記入用紙、筆箱、鉛筆、消しゴムが並んだ。
子どもが集中し、頑張り、急ぐほど、机の上のモノが落ちることがあった。

しっとり

三浦市立初声小学校　1年1組　学級通信　NO.28　2008. 11. 7

スッキリメモリ

全校視写。木曜日 朝の5分間、それは行われています。
原稿用紙に書かれた有名な文章をそっくり写し取るのです。
1文字でも多く書く。それだけを目的としています。
限られた時間のなか、集中して書く。
カッカッ…鉛筆が走る音はなんとも言えない緊張感があります。
最初は原稿用紙の書き方も分からなかった子どもたちですが、
回数を重ねるにつれ、文字数が増えるようになってきました。
一に訓練、二に訓練。
理屈は要らない。とにかく書かせて、体力をつけることが大切なのだ―。
鍛えることの大切さを実感しました。

さて、どんどん文字数をアップしてきている子どもたちですが、
なかにはそうとも限らない子がいます。
5分間で10文字前後、ということも。
これはいったい、どういうことなのでしょうか。
ただ、やる気がないだけ？　書くスピードが遅いだけ？
そんな子どもたちをじっくり、観察する日々が続きました。

続けて観察していると、あることが分かってきます。
文字数が少ない子どもたちは、次のようなケースに陥りがちでした。

①開始の合図があっても、机の中から筆箱を出せない。
②あわてて出そうとして、ファイルや原稿用紙を床に落とす。
③スタートに出遅れる。
④いざ書こうと思ったら、鉛筆が削れておらず、書けない。私の鉛筆を借りる。
⑤あせっているので、文字を飛ばしたり、行が抜けていたりする。
⑥間違えた箇所をあわてて消そうとするが、消しゴムが見あたらない。
⑦パスティックの消しゴムを代わりに使ったり、私の消しゴムを借りたり。
⑧何度と字を間違えては、消す。消す際にファイルや筆箱を落とす。

⑨「ああ、もうっ！！」という表情。
⑩あきらめて書くのをやめる。

なんとなく、光景が想像できますよね。
ここでいくつか、重要なことが分かります。

ⅰ）本当のところ、やる気は　たいへんある。
　やる気があるのに、ほかでつまずくから本人は困っているわけです。
　やる気は必要最低条件だけれども、やる気だけでもダメ。
ⅱ）学用品が揃っていない。
　どれほどやる気があろうと、鉛筆が書けない状態にあれば、書けません。
　どんなに気合いを入れても、芯の丸まった鉛筆は尖らないのです。
　消しゴムがなくとも、誤字はそのままに書きすすめればいいのですが、
　なかなかどうして1年生はそこが気になって、ストップ。
ⅲ）狭い机の上に、落とすほどたくさんのモノがある。
　ファイルをちょっとでも動かすと、筆箱や消しゴムが落ちるようになっています。また、落ちないように慎重になり過ぎる姿勢も、書くスピードを遅くさせます。

パソコンでたとえると、デスクトップ上にアイコンがいくつも並んでいて、たくさんのソフトが起動している状態と言えましょう。1年生という子どものCPU（頭脳）はたいへん優秀なのですが、メモリ（机サイズ）はきわめて貧弱。同時にたくさんのことを処理すれば、メモリをたくさん食うに決まっています。ですから「速く多く書く」という命令が脳内で働かないのですね。結果、ゆっくり書いてしまうのです。そこに「もっと速く！」とか「急ぎなさい！」といった指示を追加すると、どうなるでしょうか。パソコンがストップするがごとく、子どもも、「やーめた」。

と、これは1年生の全校視写に限ったことではありません。
勉強が分からないとか、やりたくないとか言って放り出すときは、
問題そのものが分からないというより、それ以前に問題がある場合がほとんど。
上記　ⅱ）やⅲ）のように、何らかのブレーキがかかっているのです。
ですから私の場合、「もっと頑張れ！」と鼓舞するよりも、余計なブレーキがかかっているところはどこかな？と探り、それを外しにかかります。筆箱の中身をチェックしたり、引き出しの中を掃除させたり、要らない学用品をランドセルにしまわせたり。

同時に、自分自身の問題として振り返るようにしています。
子どもたちがパソコンであるならば、私はその親機ですからね。
教室や校舎内・校庭をきれいにすることで、自分がスッキリ。
結果、子どもにもゆとりが生まれるんじゃないか。そう思うのです。

（しっとり）

時に教師自身も、子どもの「集中」を阻害している。

学級通信では、私はやるべきことを全てやったように書いています。
しかし、まだ工夫の余地は残されていることが、後に分かってきました。
「狭い机の上に、落とすほどたくさんのモノがある」
と、この通信には書いてあります。
子どもの机の上に、モノをたくさん置かせていたのは、学級担任の私。
子どもは、私の指示に従い、ファイルや筆箱を出していたのでしょう。
子どもの「メモリ」を減らし、子どもの集中を阻害していたのは、
実は私の方だった、そう捉えるようになったのです。

スピード視写の机の上（その後）。
お手本は山折りにし、できるだけ記入用紙に近づけて書く。
紙ファイルと筆箱はしまわせる。
消しゴムは使用しない。

子どもの鉛筆が、動くようになりました。
「もっとがんばれ」「もっと速く！」「もっと集中しなさい！！」
そう言う前に、もっと―。
私たちには、できることがありそうです。

第Ⅱ章 教室インフラ整備 実践編

9 机・椅子⑪
落書き落とし

6年生は卒業時、「置き土産」の落書きをしていくことがあります。
むしろ、落書きの消し手に回りましょう。

新6年生は、卒業生の「置き土産」を消そう

新年度、6年生の教室は、スタートから出鼻をくじかれます。
壁や机・椅子などに油性ペンで落書きがしてあったり、
彫刻刀で名前が彫られたりしていることがあるのです。
卒業を前にした一部の6年生が「記念」にやってしまうのでしょう。
落書きは、何年分もたまっていることがあります。
新6年生が期待に胸膨らませ入った教室です。
落書きを放置するわけにはいきません。

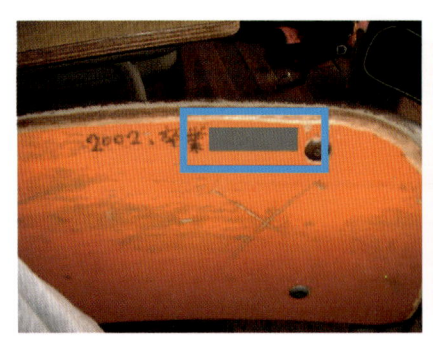

卒業生に落書きされた机や椅子。
10年以上前の落書きが見つかることも多々。

学級開きで教室を刷新

6年生の学級開きに、教室の整備は最適です。
教室と一緒に、子どもの心もどんどん美しく、
ますます磨かれていくに違いありません。

- 油性ペンによる落書き
  → 市販の「らくがき落とし」で落とす。
    机や壁の落書きも簡単に落とせる。
    100円ショップでも手に入る。
- 机に彫られたキズや空いた穴
  → 小さなキズは、紙ヤスリで削って取る。
    錐で空けたような大きな穴は、木工用パテで埋める。

木工用パテと、
パテで補修した机。

茶色のマジックで
色を塗って補修完成。

紙ヤスリで過去の落書きを消す新6年生

子どもたちは不思議と、喜んで汚れを落とします。
年度末には再度、教室や校舎内をきれいにしてまわります。
この6年生たちは、卒業時に「置き土産」を残さず卒業しました。
「残さない」これが、私の心に今も残っています。

第Ⅱ章 教室インフラ整備 実践編

9 机・椅子⑫
床の目印

机をすばやく、きれいに揃えるためには、目印が欠かせません。
目印があれば、誰もが机を元通りに揃えることができます。

机を揃えるため、目印となる補助線を書こう。

床には、机をきれいに揃えるための補助線を描くことをすすめます。
机の後ろの脚に ⌊ ⊥ ⌋ というように描きましょう。

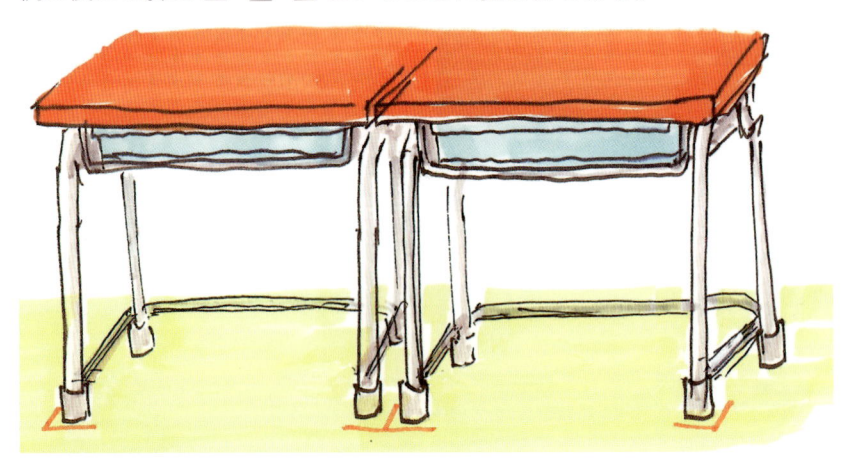

縦と横を整然と揃えるのは難しいものです。
また、縦横がまっすぐ揃っていても、
全体として窮屈に並んでいたり、
全体として前に寄り集まっていたり することもあるからです。
補助線を描いておけば、そんな心配も要りません。
「机を揃えましょう」
と言えば、目印をたよりに、サッと揃えることができます。
卒業式の椅子のように、縦横きっちり、間隔もバッチリ。
瞬時に美しく並びます。

目印の描き方

① 描く前にまず、机の縦横をきっちり揃える。
　机と机の間は「床の板目〇枚分」、「タイル〇枚分」というように、きっちり並べる。
　ペン描きするだけに、最初が肝心。
　卒業式の椅子並べのように、緊張感を持って並べましょう。

② ペンを用意する。
　水性ペンでも油性ペンでも構いません。
　水性ペンでは、床の素材次第ですぐに落ちてしまいます。
　油性ペンでも、摩擦等で2〜3ヶ月で消えてなくなってしまいます。
　（したがって、何度もなぞる必要があります。）

　ペンの色は、床と合う色が良いでしょう。
　床が木材であれば、オレンジ色や茶色、赤などで。
　グレーのタイルであれば、黒や青などで。
　目立ち過ぎない色にしましょう。

③ ∟（エル字、カギ括弧）のような形で床に目印を書く。

| 左側 | となり合うところ | 右側のかぎかっこ（机の脚の位置） |

目印のメンテナンス

最初は教師が描きましょう。
描いた目印は、すぐにうすくなってしまうので、適宜なぞりましょう。
毎回教師が なぞるのは大変なので、子どもになぞらせましょう。
掃除の時間に「なぞり当番」にやらせるのも良いでしょう。

床にマジックで描いてもいいの？

前述のとおり、油性ペンであろうと水性ペンであろうと、
子どもが生活する教室の場合、数ヶ月で消えてしまいます。
ワックスが徐々に薄くなるのと同じように、
机・椅子の摩擦や、掃除のから拭き・水拭きによって消えるのです。
（特別教室など、めったに使わない教室をのぞく）
日常使う教室であれば、安心して描くことができます。

それでも目印を描くのはなぜか？

よく指導されたクラスであれば、目印は必要ないかもしれません。
担任の指示ひとつできっちり揃えるでしょう。
担任が指示しなくても、子どもたちが揃えようとするのでしょう。
しかし、それでも私は、目印となる補助線を描くことをすすめます。
なぜならば、
「だいたいこのへん」
という感覚は、担任とそのクラスの子どもたちしか分からないからです。
そうではなく、誰もが並べられることが大切なのです。

・担任の指示なしで、児童だけで、整然と並べることができる。
・担任不在時の掃除や帰りの会のとき、補欠に入った先生にもできる。
・保護者会や委員会活動などで教室の机の位置を変えた後でも、担任以外の先生が元通りにすることができる。

もしもドッチボールやリレー、サッカーやバスケットボールのラインが、
担任だけしか分からなかったら、クラスの子どもは困ります。
クラスの子どもしか分からなかったら、他クラスが困ります。
誰でも分かるようにするために、目印をあえて描く必要があるのです。
なお、床ではなく、壁面に目印のテープを貼る方法もあります。

なぜL型が良いのか？

目印は、「U」型や「〇」型で描けば、脚の位置が分かり易くなります。

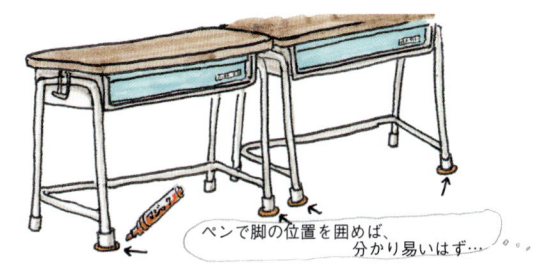

ペンで脚の位置を囲めば、分かり易いはず…

しかし、席替え等で机が変わると…

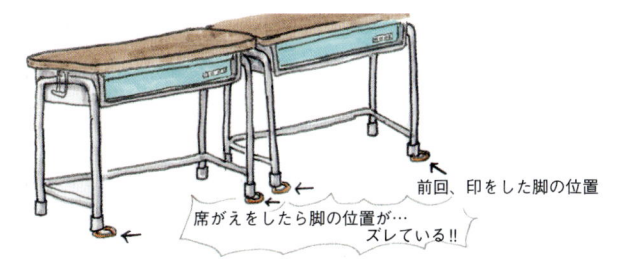

前回、印をした脚の位置
席がえをしたら脚の位置が…ズレている!!

せっかく描いた脚の目印の位置なのに、ずれてしまいます。
机の脚の位置や幅は、製造元、製造年、机の号数により異なるのです。
全く同じ規格でも、個々の机で若干脚の位置が違います。
それでも目印の位置に脚を揃えてしまうと、
今度は隣の机と間が空いたり、ずれたりしてしまいます。

以上が、「L型」の目印が良いと考える理由です。

「机の脚は、このあたりにおさまるようにしましょう。
　後は、机の上を見て、隣とぴったり揃えましょうね」
というように指導します。

なぜL字の目印は、前脚ではなく後ろ脚なのか？

「L字」の目印を描く位置は、机の前脚よりも後ろ脚が良いでしょう。

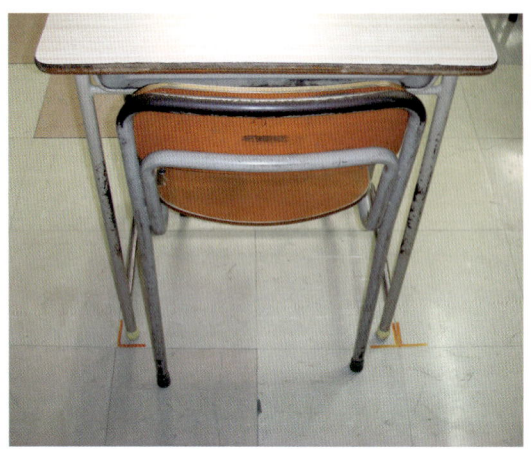

（後ろ脚2本に「L字」の目印を描いた場合）

（机の前脚2本に目印を描いた場合）
たしかに、前脚2本に描いたほうが、
教師は見やすく、また描くのもラクかもしれません。
しかし・・・

第Ⅱ章　教室インフラ整備　実践編

前脚に目印が
ある場合①

机を線に揃えるよう指示したとき、

前脚に目印が
ある場合②

子どもたちは、席を立って乗り出さねば、机を揃えることができません。
その際、後方で同じように乗り出している子に椅子が当たります。

後ろ脚に目印
がある場合

後ろ脚に目印があれば、座ったままでも大丈夫。
下を見ながら、すばやく机の位置を直すことが可能です。

9　机・椅子⑫ 床の目印　● 137

第Ⅱ章　教室インフラ整備　実践編

10 番号の配置と並び順の向き

子どもたちが使う、下駄箱や棚、掲示物等の配置について、
番号順に、一定の方向に並べると良いでしょう。

スタートは、右？　左？　折り返す方向は、右？　左？

（今回、結論は後述します）
4月の学級開き。
新米A先生が、子どもの席順や、物を置く場所について、
次のように配置しました。
クラスの児童数は34人だったと仮定します。
以下の出席番号の並びを見て、一緒に考えてみましょう。
なお、支援を要する子への特別の配慮については、除くものとします。

① 教室の机（新米A先生の事例）

黒板				
30	25	19	13	7	1
31	26	20	14	8	2
32	27	21	15	9	3
33	28	22	16	10	4
34	29	23	17	11	5
		24	18	12	6

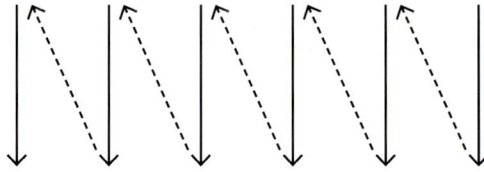

縦列。右上から、左下へと進んだ。

② 教室の棚（新米Ａ先生の事例）

1	4	7	10	13	16	19	22	25	28	31	34
2	5	8	11	14	17	20	23	26	29	32	
3	6	9	12	15	18	21	24	27	30	33	

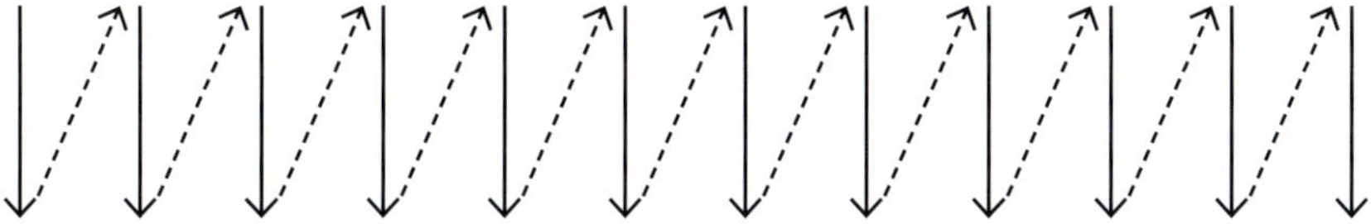

> あれ、どっちからだっけ？

> 進んでいるぞ。右下へと左上から、おや、しかし、こちらも縦列。

自分の場所を覚えるだけならば、
たしかに、それでも構わないが・・・

③ 下駄箱（新米Ａ先生の事例）

7	6	5	4	3	2	1
14	13	12	11	10	9	8
21	20	19	18	17	16	15
28	27	26	25	24	23	22
	34	33	32	31	30	29

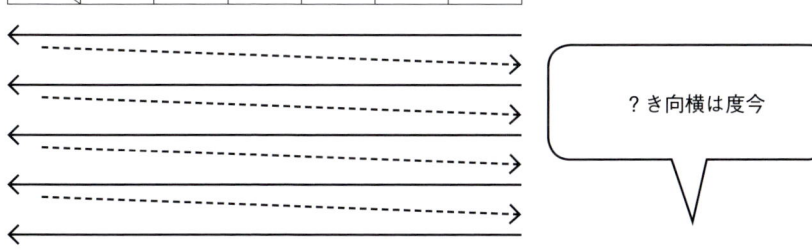

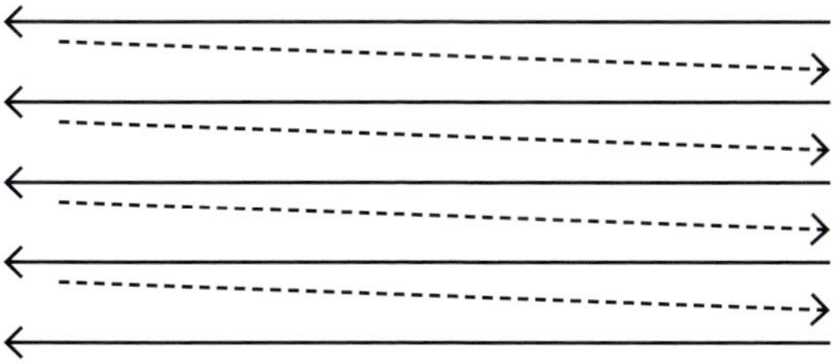

> 進んでいる。右上から左下へと横列はちらほらか。

> 今度は横向き？

④ 教室のフック（新米Ａ先生の事例）

| 1 | 2 | 3 | 4 | 5 | 6 | 7 | 8 | 9 | 10 | … | 33 | 34 |

横１列。左から右へと進んだ。

> 先生、どっちから？
> 分かりづらいよぅ

⑤ 廊下のフック（新米Ａ先生の事例）

| 34 | 33 | … | 10 | 9 | 8 | 7 | 6 | 5 | 4 | 3 | 2 | 1 |

横１列。右から左へと進んだ。

本人が自分の場所を覚えているかどうか、
そこが重要なのではありません。
大事なのは、**本人以外の第三者がすぐに分かる**かどうかです。

〇〇さんの棚や下駄箱の位置について、
教師がすぐに分かるということ。
クラスメイトや異学年の子でも、すぐに分かるということ。
そこが重要なのです。
本人が学校に来ているかどうか、棚のランドセルで確認したいとき。
本人が校舎内にいるか、外にいるか、下駄箱でチェックしたいとき。
本人が落とした縄跳びや上履き袋を、フックにかけてやりたいとき。
本人はいないがしかし、誰かが見て、すぐに分かるはずです。
みんなで助け合える、そのためのインフラ整備なのです。

⑥ 書写（毛筆）作品掲示の並び（新米Ａ先生の事例）

さあ、次は子どもの作品の掲示です。

よし、貼ろう！

先生、できました！

台紙の色画用紙（藍色）に、清書となる書写作品を貼らせました。
糊付けの済んだ子から順番に、提出します。
新米Ａ先生は教室後方、棚の上で作品を受け取りました。
そして、次々と後方の壁面に画鋲で留めていきます。

6	24	19	3	13	34	21	27	8	26	16	7
15	22	30	25	9	10	32	1	33	12	5	
28	2	31	11	29	23	20	14	17	18	4	

出席番号？
「そんなこと気にせず、出来た子から順番に、飾っていっただけです」
と、新米Ａ先生。

書写の清書の掲示は、２回目、３回目と重ねていくものです。
図工のように一作品貼って、すぐはがすものではありません。
新米Ａ先生はその年、棚の上を行ったり来たりしたそうです。

⑦　生活科クリアポケットの並び（新米A先生の例）

並びの図は省略しますが、⑥の書写と同様のことが言えます。
クリアポケットも、一作品で終わりというものではありません。
観察カードや探検カードなどを年間通じて、次々入れていくものです。

担任教師が入れるにしても、子ども自身に入れさせるにしても、
クリアファイルが番号順の決まった並びになっていることが大事。
　「○○くんのファイルは…どこだっけな……　あった！」
というような、探し回り、移動する時間は、できるだけ減らしたいもの。

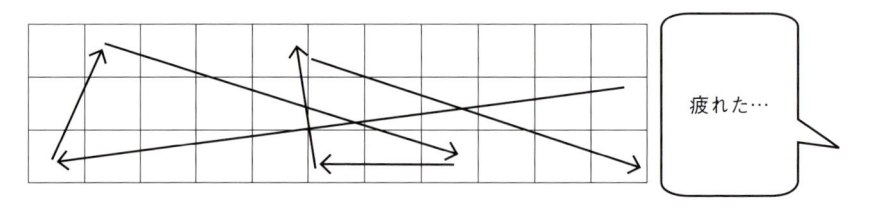

疲れた…

棚や下駄箱と同じように、一定の方向で順番通りに並んでいれば、
掲示の時間を大幅に節約することができます。

なお「新米A先生」は、数年間の私の総称です。

142

まとめ①　「並び順は、どの向きが良いか？」

並び順の向きは、結局のところ、どうすれば良いのでしょうか。
正解はありませんが、現在の<u>一般的な向き</u>は、以下の通りです。

複数列の場合（棚・下駄箱など）

縦進行にするならば、新聞のように、右上から左下へと流しましょう。

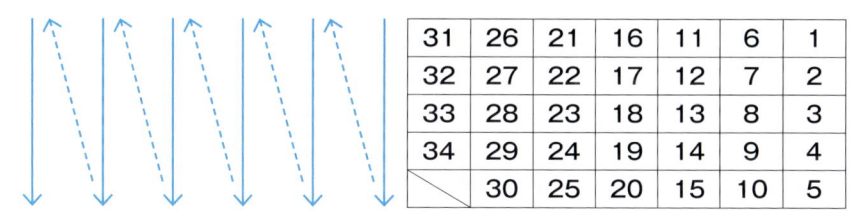

31	26	21	16	11	6	1
32	27	22	17	12	7	2
33	28	23	18	13	8	3
34	29	24	19	14	9	4
	30	25	20	15	10	5

横進行にするならば、英字新聞のように、左上から右下へと流します。

1	2	3	4	5	6	7
8	9	10	11	12	13	14
15	16	17	18	19	20	21
22	23	24	25	26	27	28
29	30	31	32	33	34	

縦・横いずれでも構いませんが、片方に統一することが大切です。
たとえば横進行（左上から右下）と決めたら、
棚も下駄箱もクリアポケットも、左上スタートで横に進みましょう。

単列の場合（教室・廊下のフックなど）

| 1 | 2 | 3 | 4 | 5 | 6 | 7 | 8 | 9 | 10 | … | 33 | 34 |

横1列の場合、左から右へ進むのが自然のようです。

まとめ②　「並び順は、どの向きがベストか？」

一般的な向きを「まとめ①」で示しましたが、
私はベストの並びは次のとおりだと思っています。
それは、**その学校の朝礼順に合わせる**ということです。

学校要覧や、4月配布の職員会議資料を見てみましょう。
たとえば、次のように書いてあったとします。

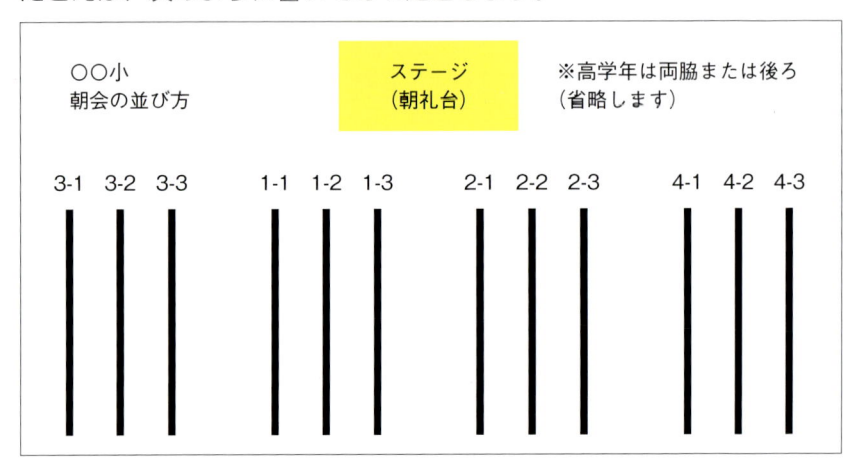

```
○○小                    ステージ      ※高学年は両脇または後ろ
朝会の並び方            （朝礼台）     （省略します）

3-1  3-2  3-3    1-1  1-2  1-3    2-1  2-2  2-3    4-1  4-2  4-3
```

注目したいのは、「3-1　3-2　3-3」などの、各学年の向き。

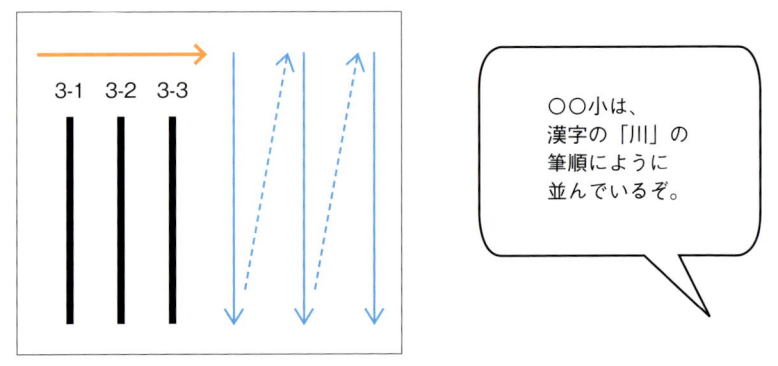

○○小は、
漢字の「川」の
筆順にように
並んでいるぞ。

左から右へ流れていることが分かります。

この場合、学年という長い列が複数あっても、
左から右へと流れています。
ちょうど漢字の「川」と同じように、
左上から一画目がスタートし、上から下、左から右へと、
漢字の筆順のような向きになっていることが分かります。
（まとめ①に示した、「右上から左下」の向きとは違うようですね）

「朝礼順」は、学校ユニバーサル・デザイン

〇〇小の朝礼順と同じこの向きで、下駄箱・棚などを配置します。

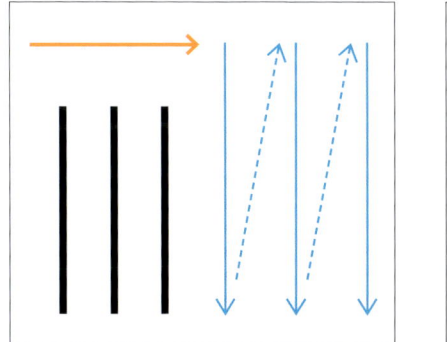

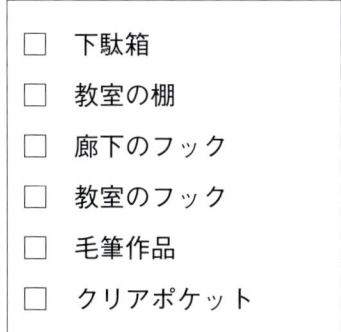

- ☐ 下駄箱
- ☐ 教室の棚
- ☐ 廊下のフック
- ☐ 教室のフック
- ☐ 毛筆作品
- ☐ クリアポケット

班行動、グループ行動で並ぶときなども、同様です。

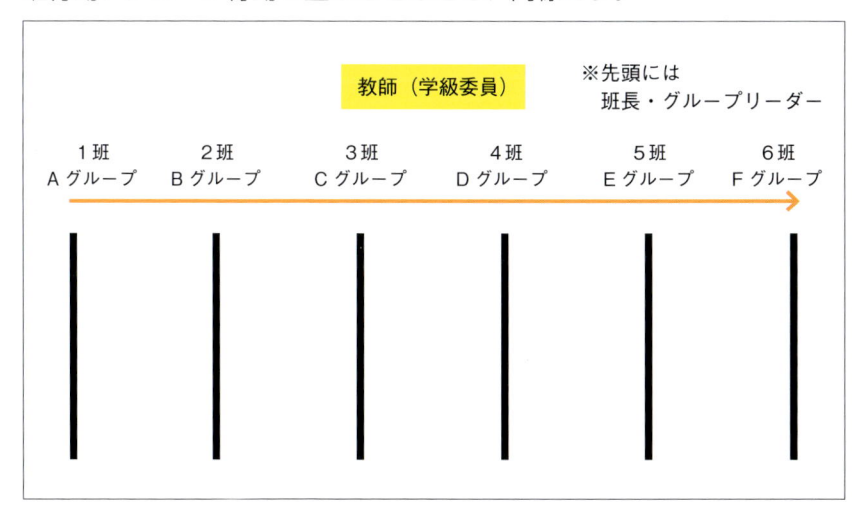

教師（学級委員）

※先頭には
班長・グループリーダー

1班　2班　3班　4班　5班　6班
Aグループ　Bグループ　Cグループ　Dグループ　Eグループ　Fグループ

なお、教師の目線で見ると、次のようになります。

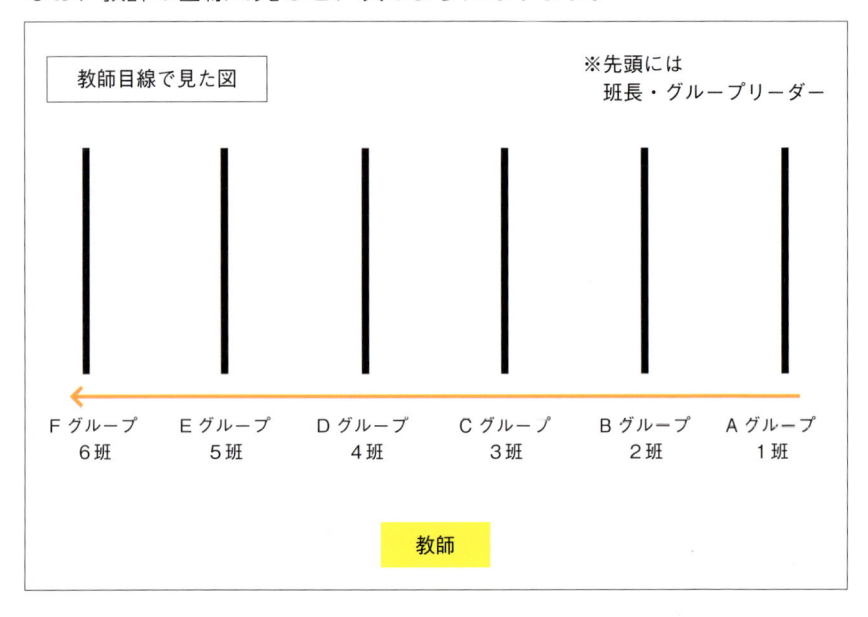

```
┌─────────────────────────────────────────────┐
│  教師目線で見た図        ※先頭には           │
│                          班長・グループリーダー │
│                                              │
│    │     │     │     │     │     │          │
│    │     │     │     │     │     │          │
│    │     │     │     │     │     │          │
│  ←─                                          │
│  Fグループ Eグループ Dグループ Cグループ Bグループ Aグループ │
│   6班      5班      4班      3班      2班      1班    │
│                                              │
│                    教師                      │
└─────────────────────────────────────────────┘
```

列の左右が逆になってしまったら？

集合をかけたのに、列の左右が逆になることがある場合、
次のような理由が考えられます。

・朝礼順と、クラスの下駄箱や棚の順がバラバラである。
・教師自身に、左右どちらから並べば良いかという意識がない。
・朝礼順と同じであることを、子どもたちが気づいていない。
・前学年まで、特別意識されてこなかった。
・列の先頭の班長やリーダーが育っていない。

原因が分かれば、解決したも同然です。

インフラ整備で、いつでも、どこでも、すぐ並ぶ。

本稿を熟読していただければ、
「たかだか、子どもの下駄箱や棚に過ぎない」
「教師がそこまで細かく決める必要はない」
「４月当初、教室に入った早い者順で、決めれば良いではないか」
といった考えが、もったいないことに気づくはずです。

・朝会、儀式等でササッと並ぶ。
・新しい生活班、体育のグループ等になっても、すぐ並ぶ。
・教師がいちいち前に立たなくても、自分たちで並ぶ。
・「あちらが前」と示してやれば、方角が変わっても並ぶ。
・遠足、社会見学、校外学習等で初めての場所でも、慌てず並ぶ。
・学習発表会、卒業集会等の練習時でも、スッと並ぶ。
・１年生でも迷わず、すばやく並ぶ。
・担任が欠席しようが、長期離脱しようが、やはり並ぶ。

学校ユニバーサルな並び順・配置を是非、心掛けてみてください。
このインフラ整備は、やや面倒で難しいと感じるかと思います。
しかし、インフラ整備が終われば、その後の特別な指導は不要です。

それまで、子どもを並ばせるためだけにかけていた、莫大な時間。
これからは、別のかたちで、有意義に使うことができるでしょう。

> もう迷わない！
> これが〇〇小の
> スタンダード！

第Ⅱ章　教室インフラ整備　実践編

11 一場一物①
フックとひも

インフラ整備により、名札のはがれ落ちや、シール跡を防止します。
フックには、落ちない仕掛け、見える仕掛けを作りましょう。

年度末に、気持ちよくはがせる。

教室や廊下のフック。
名前シールは、年度末に はがすときのことを考えて貼りましょう。
・紙の名前シールは、そのまま貼ると、はがす時にシール跡が残る。
・「シール跡が残らない」名札シールは、ポロポロはがれやすい。
・年度末、１枚ずつシールをはがすのは、ちょっと面倒。

上記を考慮し、たとえば次のようにするのはいかがでしょうか。

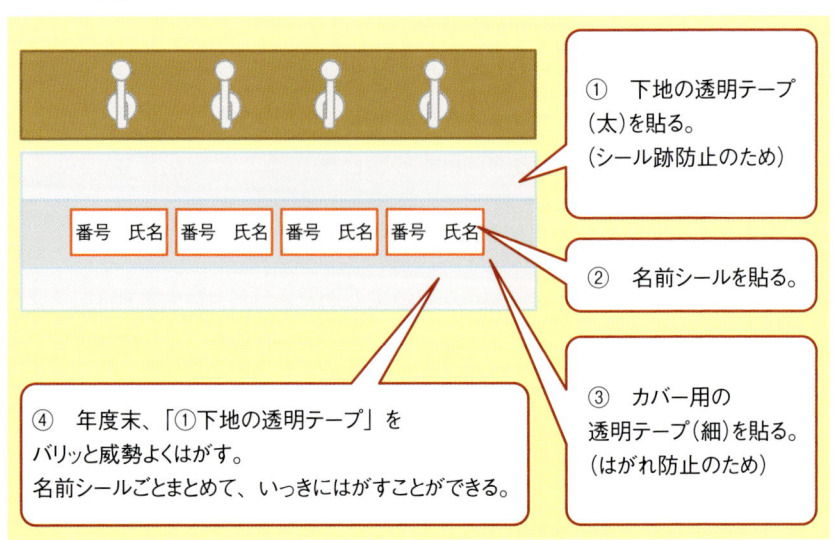

① 下地の透明テープ（太）を貼る。（シール跡防止のため）

② 名前シールを貼る。

③ カバー用の透明テープ（細）を貼る。（はがれ防止のため）

④ 年度末、「①下地の透明テープ」をバリッと威勢よくはがす。
名前シールごとまとめて、いっきにはがすことができる。

なお、年度末を待たずに、子どもが丸ごとはがしてしまう「事故」も。
楽しみを奪われないよう、気を付けましょう。

第Ⅱ章　教室インフラ整備　実践編

「フック占拠」と、「すぐ落下」の防止

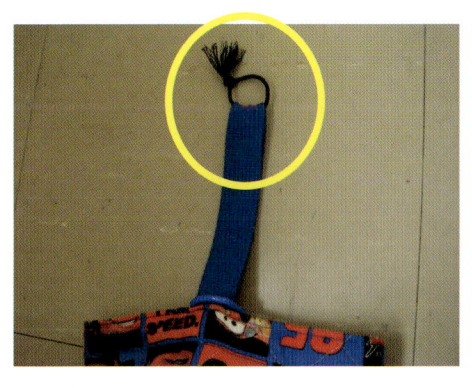

上履き・体育館履きの袋のひもは、平たく太いものが多い。
そのままフックにかければ、占拠され、物が落ちる原因となる。
落下防止のため、太いひもに、細いひもを付けてみてはどうだろうか。
リング状に付けるだけで完成だ。
入学前ならば、「リング状のひも」の取り付けを保護者にお願いしよう。
それ以降ならば、器用な子にお願いして、取り付けてもらおう。

混在しなければ、一場一物に同じ。

１つのフックに、①なわとび、②赤白帽子　の２つを掛けてみた。
一場「二」物だが、両者は見た目も異質なので、混在せずに済んだ。
フックに掛かっていない なわとび・赤白帽子があれば、瞬時に分かる。
なお、このフックに上着を掛ければ、その機能を失ってしまうだろう。

11　一場一物① フックとひも　149

第Ⅱ章　教室インフラ整備　実践編

11 一場一物②
赤白帽子の有無で、
外遊びの人数等が分かる

インフラ整備の済んだフックは、パワフルな効果を発揮します。
赤白帽子の有無で、子どもの様子を推測しましょう。

1 「赤白帽子が一つだけ残っている」ことから、分かること。

たとえば、休み時間の教室。
全員、赤白帽子をかぶって、校庭へと飛び出したように見えました。
　（○○小学校では、校庭で遊ぶ子は、赤白帽子を必ずかぶる約束です）
実際、教室には担任以外、誰もいません。

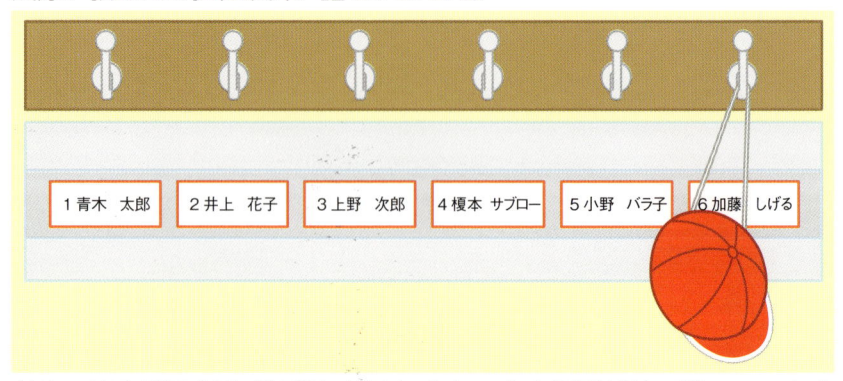

| 1 青木 太郎 | 2 井上 花子 | 3 上野 次郎 | 4 榎本 サブロー | 5 小野 バラ子 | 6 加藤 しげる |

おや、出席番号6番「加藤しげる」さんの赤白帽子だけ、残っています。
しげるさんは本日、学校に来ていましたが…
ここから、次のことが分かります。
・しげるさんは、外遊びをしていない。
・校舎内のどこかにいる。
・クラスのみんなとは、遊んでいない。
担任の先生は、しげるさんの異変にすぐ気づき、対応できました。

2「赤白帽子が一つだけない」ことから、分かること。

同じく、休み時間の教室です。
隣のクラスのある子が、尋ねてきました。
「今日の休み時間、バラ子さんと一緒に遊ぶ約束をしたのに…」

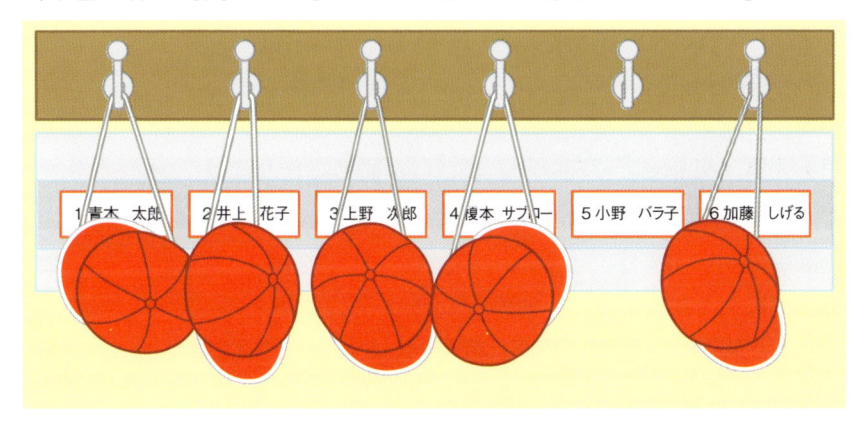

おや、出席番号5番「小野バラ子」さんの赤白帽子がありません。
さて、ここからバラ子さんについて、推測できることがあります。
・赤白帽子をなくした。あるいは家に忘れてきた。
・校庭に出るときは赤帽子をかぶる約束だから、校庭にいるのかも。
・校舎内を探しても、見つからないだろう。
フックを見た隣のクラスの友人は、バラ子さんを探しに校庭へ出ました。

勤務校で実際よくあったケースですが、いかがでしょうか。
バラ子さんがどこに行ったのか、バラ子さんに聞くことはできません。
しかし、赤白帽子があるかないか、そこを見ることで、
バラ子さんの居場所を、友人はある程度推測できるのです。
もしも赤白帽子が「道具箱保管」なら、これはできません。
赤白帽子が番号順に並び、パッと見て分かるからこそ、できるのです。
担任だけではなく、子どもたちからも便利と評判です。

前掲の写真。
たとえば、ある子の赤白帽子と縄跳びが両方なかったら、
その子は校庭で縄跳びをして遊んでいるのだろうと推測できます。

フックにたった一つだけ、縄跳びが残っていたら―。
みんなが縄跳びを手に、校庭に飛び出したように思えたけれども、
一人の子だけ、縄跳びをして遊んでいないということが分かります。
みんなで楽しく縄跳びをやっているように見えたのに。
その子は縄跳びが苦手なのかもしれません。
ちょっと気に掛けてみようかな、そう思う自分がいます。

物を見ても、子どもそのものを見ることはできません。
しかし、物を見ることで、その子どもを想像することができます。
子どもそのものを見るよりも時に、
物を見たほうが―。
雄弁に事実が語られるときがあります。

コラム

夢 〜プロフェッショナルな教師になること〜

鈴木　夏来

　学生の時にグリークラブに所属していた。
　男声合唱のクラブなのだが、応援団から派生したこともあって、ちょいと変わったところがあった。モットーは"気合いと根性"。挨拶は"ちょーす"に"ごっつぁんです"。練習場所には常にフラッグ(部旗)を掲げ、シメにやるエール(学歌)は直立不動。演奏会となると学ランを着こんだ。
　理不尽な先輩のシゴキや 朝から晩までの厳しい練習も "気合いと根性" とやらでなんとか乗り切った。入部1年目、努力と忍耐があれば、大抵の壁は越えられることを知ったのだ。
　しかし、それだけでは いかんともし難い問題があった。

「おい、コラ。何遍言うたら分かんねん？ 全然ちゃうねん、低いんじゃ そこの音ォ！」
「ご、ごっつぁんです」
「もっと気合い入れろ、気合い！　腹から声出せば出るやろ！！」
「ごおっつぁんです！！」
いくら気合いを入れようが、高い声は出なかった。　出ないものは、出ないのだ。

「う〜ん、それちゃうワァ。もっとしっかり楽譜見いや。楽譜通りに歌わな」
「ごっつぁんでーす」
「ちゃうわ、アホ。もっとちゃんと歌えー。譜面に書いてあるやろ？　しっかり楽譜読めや」
「ごーっつぁんでーす！！」
血眼になって楽譜を睨みつけた。しかし、どれだけ楽譜を見つめようと音は取れない。

　それらは適切な技術と方法で導くことによって、初めてできるようになるということを後に知った。
　高音を出すには例えば、①ファルセット(裏声)を覚えさせ、適宜対処すること。②ハミングで高い音を作り、そこに実声を乗せていくこと。③手で上向きに指差したり、地面を押すようなポーズをとったりするイメージ効果で 普段よりも高く声が出せるということ。
　楽譜の音取りをするには例えば、①リズム唱・階名唱・ラララ唱 とスモールステップを踏んだうえで、最終的にリズム・音をつけて歌ってみること。②1小節ごとに細分化し、スローテンポから始めてみること。③あえて楽譜を用いずピアノや範唱で聴き覚えさせること。

　もう少し早く方法を知っていたら、技術を身に付けていたら… 精一杯 努力し、苦しんだ末にクラブを去っていく同期や後輩たちを救えたのではないか。

　教師という仕事が「子どもが好き」なだけで なんとかなるとは思わない。一つひとつ身に付けた教育の技術や方法で子どもを導いてやることこそ、子どもへの愛情ではないだろうか。"気合いと根性""努力と忍耐"なら そうは負けない。しかし教育の技術や方法が何たるか、私は知らない。数多の技術・方法を身につけた プロフェッショナルな教師になること、それが私の夢である。

平成15年（2003年）教職3年目。研修通信より。職場を離れても今も変わらない「夢」。

第Ⅱ章　教室インフラ整備　実践編

11 一場一物③
物が見えないと、子どもも見えない

フックに上着等を掛けると、下の赤白帽子が見えにくくなります。
子どもの動きを見るために、インフラ整備を守りましょう。

1　一場一物は、こんなとき崩れる。

インフラ整備したフックは、使い慣れるとたいへん便利。
しかし思わぬ落とし穴もあります。
次のようなケースです。

あっ、見えない。
雨合羽や上着などをフックに掛けると、
赤白帽子や名前シールが隠れてしまいます。
「校舎内にいます」という目印にもなっていた赤白帽子ですが、
こうなると、目印としての役目を果たすことはできません。
どうすれば良いでしょうか。

2　一場一物は、こうして守る。

私の場合、上着はランドセルの中に、たたんでしまわせました。
しかし濡れている雨合羽は、ランドセルに入れることができません。
廊下の、児童数とは別に余っているフックに掛けさせたり、
フリースペースの棚の上に置かせたりしました。
それほど、赤白帽子が見えなくなることを恐れました。

赤白帽子が見えなくなれば、
子どもの様子まで見逃してしまう可能性があります。
一場一物という考え方によりインフラ整備したフックは、
ただの物掛けのフックではないのです。

その場にいない子どもたちの動き・様子を見ることができるフック。
物を掛けるフックとは、全く別の価値を持っています。
価値あるものはやはり、大切に守らなければなりません。

（インフラのインフラ　〜フック穴の補修〜）

木材用パテ。
無数のフック穴で木屑があふれ、
ボロボロになった窓際を
補修するのに使用した。

無数のフック穴にパテを注入。
パテが固まった箇所には再度、
フックのねじ穴を空けることが可能。

あきらめかけていたクラスにも、
窓際のフックが復活した。

第Ⅱ章　教室インフラ整備　実践編

12 手紙・プリントの配布①
家庭実数と「お家マーク」

家庭実数をあらわす「お家マーク」を机に貼りましょう。
本人も第三者も、それを見て誰が家庭実数かが分かります。

家庭実数は「お家マーク」で

低学年の子どもに家庭実数の意味を理解させるのは大変です。
それよりも「お家（うち）マーク」。
家庭実数を表す共通マークとします。

「お家マーク」

子どもの机に貼っておく。
これで家庭実数の子どもが一目瞭然。
配布時間がうんと短くなる。
補欠に入った先生も、安心して手紙を配ることができるだろう。

家庭実数は なぜ難しいのか

　１年生児童に家庭実数の手紙を配る際、
次のようにやったことはありませんか？

「家庭実数の手紙を配りますから、家庭実数の人、手を挙げて」
「先生、家庭実数って何ですか？」
「家庭実数というのは、ええと…
小学校にお兄さんやお姉さんがいない人です。
お兄さん・お姉さんが小学校にいない人は、手紙をもらいません」
「先生、中学校にお兄さんやお姉さんがいる人はもらいますか？」
「その人は、手紙をもらいません」

そうやって家庭実数を説明し、
手を挙げさせて配ったものの、なぜか家庭実数の手紙が足りません。
意味が分からず、とりあえず手を挙げ、手紙をもらってしまうのです。

　「いない人は、もらう」　→　×：〇
　「いる人は、もらわない」　→　〇：×

否定と肯定がごちゃまぜになっていることが、
家庭実数の配布を難しくさせる要因の一つです。
お家マークを机に貼っておけば、
「お家マークの人？」「ハイ」で終わり。
間違いなく配ることができます。

なお、机に貼っておくことで、「見える化」しています。
配り係の子がお家マークを見て、家庭実数全員に配ったり、
本人が欠席のとき、隣の子が手を挙げたりすることが可能です。

12　手紙・プリントの配布① 家庭実数と「お家マーク」

第Ⅱ章　教室インフラ整備　実践編

12 手紙・プリントの配布②
責任者方式（列貫通配布）

手紙を列ごとに配る場合、その列の責任者に列ごと配らせましょう。
責任者がいることで、漏れなく配ることが可能です。

手紙・プリントは一人の責任者に配らせる

列ごとに手紙・プリントを配る場合、一人の子に配らせるやり方です。
①　最前列の子が責任者となって、最後尾まで配る場合。
　多く配り過ぎたとき、戻ってきたついでに教師に返すことができます。

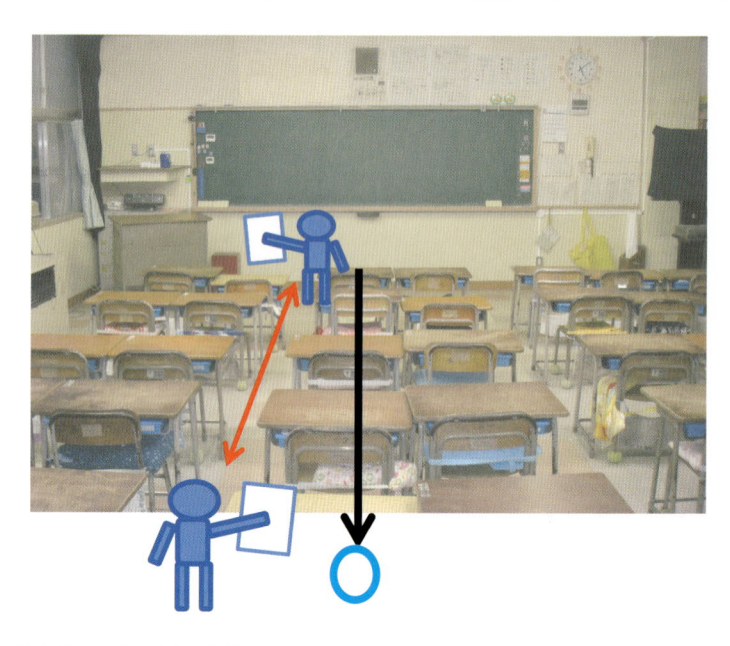

②　最後列の子が責任者となって、最前列から順に配る場合。
　枚数が合えば、配り終えたらそのまま席に着けるのがメリットです。
誰が家庭実数？　欠席の子の手紙は？　足りなかったら？
責任者が判断し、随時処理します。

責任者不在だと、こんなことが起こる

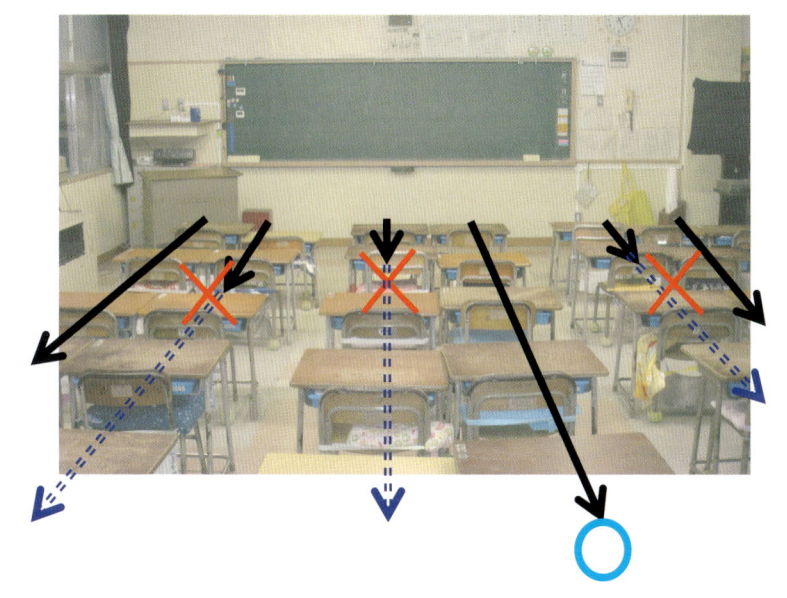

(教師が最前列の子に１列分渡し、１枚取ったら、後ろに回す配布)

後ろに回す前につい、
配られた手紙を読み入ってしまう子。
配られたプリントに名前を書いてしまう子。
最後列まで なかなか届かず、後ろの子はイライラ。

後ろの席の子を見て確認せずに、その手を離してしまう子。
手紙・プリントが全部、床に落ちてしまうことも。

欠席があれば、列がそこで流れが止まってしまうことも。

家庭実数の子は、「もらわず後ろに回す（＝スルー）」のが難しいところ。

第Ⅱ章 教室インフラ整備 実践編

12 手紙・プリントの配布③
責任者方式（グループ散弾銃配布）

班などのグループに手紙を配りたいときの方法です。
責任者が班員に、必要枚数を届けます。

班ごとでも、一人の責任者に配らせる

班の代表者が、教師のもとに手紙を取りにくる配布法です。
班長や副班長、班の中の「配り担当」が責任者。
責任者ですから、責任を持って班員に手紙・プリントを届けます。

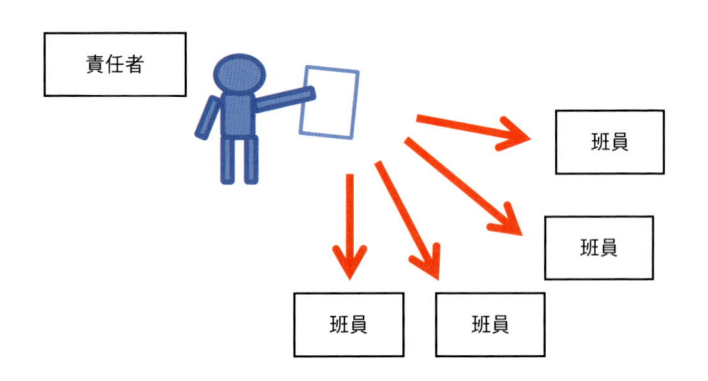

班長が責任者の場合　〜プリント配布〜

「班長さん、人数分プリントを取りに来てください」
そう言って、班長を担任のそばに呼びます。
班長は、班に必要なプリントの枚数を担任に報告します。
班長「3班、4枚です」
先生「4枚ですね。ハイ、どうぞ」
班長「1班、5枚ください」
先生「5枚。1、2、3、4…はい、5枚どうぞ」

副班長が責任者の場合　〜家庭実数の手紙配布〜

「お家マークの手紙を配ります。
副班長さん、数えて取りに来てください」
そう言って、副班長を担任のそばに呼びます。
副班長は、班に必要な家庭実数の枚数を担任に報告します。
副班長「2班、1枚です」
先　生「はい、どうぞ」
副班長「5班、5枚です」
先　生「え、本当に5枚？　お家マークですよ」
副班長「あ、お家マークか！　ええと…　2枚です」
先　生「2枚ですね、了解♪」

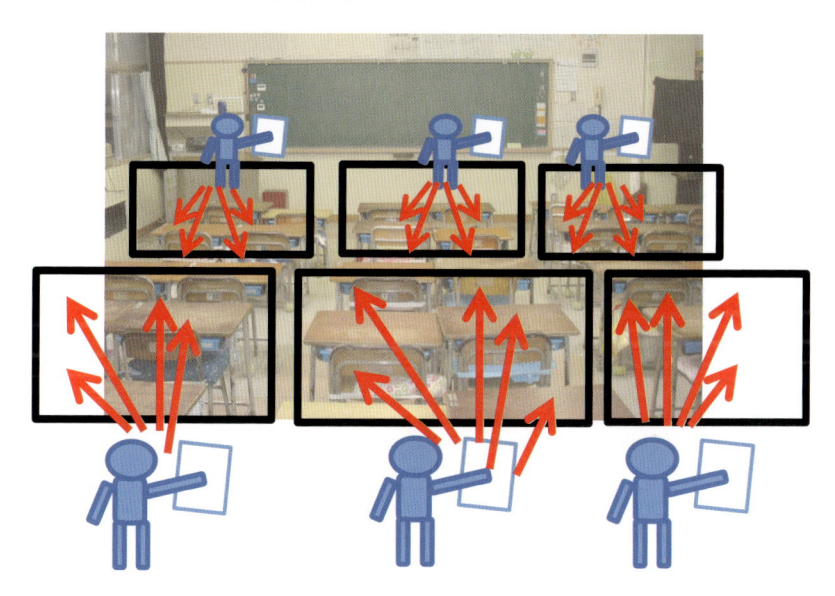

担任は、枚数分、副班長に渡すだけ。
あとは副班長が各班に戻って、その手紙・プリントを配ってくれます。
担任は一歩も動かず、子どもを数えず配布できるところが「売り」です。

第Ⅱ章　教室インフラ整備　実践編

12 手紙・プリントの配布④
欠席児童への配り方

欠席児童の手紙・プリント類のまとめ方を提案します。
すばやく、「洩れ」なく、簡単にまとめることが可能です。

引き出しが、巨大「連絡袋」に変身。

児童が欠席したら、引き出しを机に出しておきましょう。
そこに、配布された手紙・プリント類を入れていきます。
最後にまとめて、連絡袋に入れれば、取りまとめは完了です。

手前、欠席の児童の机の上に、引き出しが置かれている。

（１日の流れ）
① 　欠席児童の引き出しを机の上に出す。
② 　授業で使用したプリントや、配布した手紙等を引き出しに入れる。
③ 　帰りまでに隣の子や保健係の子が、引き出しの手紙類をまとめる。
④ 　連絡袋にプリント・手紙を入れる（もちろん、山折りで）。

なお、欠席の連絡袋は担任が預かっていることが多いので、子どもたちは連絡袋に入れることができない。
とりあえず机の引き出しに どんどん入れていこう。

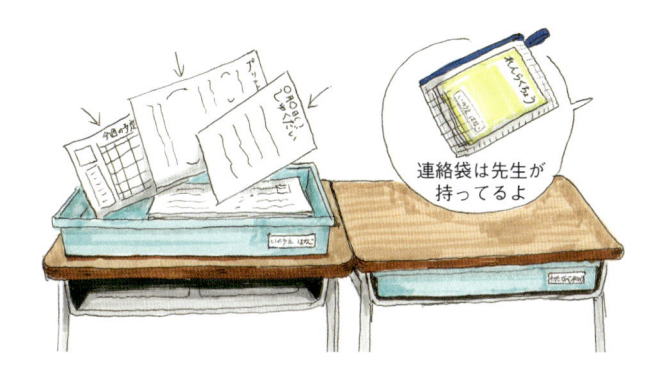

引き出しを机に出しておくことのメリット

・その子が欠席であることが、一目で分かる。
・欠席児童が多いときに、特に分かりやすい。
・引き出しは大きいので、複数枚の手紙類をすばやく入れられる。

欠席の机が、パッと見て分かる。

第Ⅱ章　教室インフラ整備　実践編

12 手紙・プリントの配布⑤
手紙は山折りで検索スピードアップ

手紙・プリント類は山折りにして連絡袋に入れましょう。
文字や表題が見えるので、おおよその見分けがつきます。

1　谷折りではなく、山折り

手紙は谷折りではなく、山折りで折りましょう。
取り出すときの検索スピードが上がります。

山折りにすると、手紙の文字が見える。
何の手紙・プリントなのか、分かる。

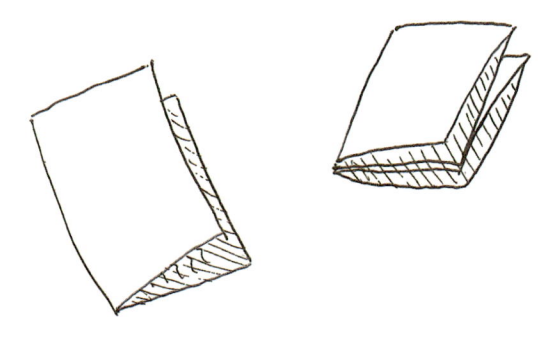

谷折りだと、文字が見えず、同じように見えてしまう。

2　テスト・手紙は表題が見えるように

山折りにする際、表題が見えるように折りましょう。
さらに検索スピードが上がります。
B4、A3など、大きめのテスト用紙や大きい手紙などを折る際に有効です。

3　表題が同じ面になるように連絡袋に入れる

連絡袋やクリアファイルに入れるときは、
できれば、表題が同じ面になるようにしましょう。
検索スピードが上がります。
　「手紙を取り出すのは保護者だから、そこまで気を遣う必要はない？」
いいえ、一度しまった手紙を回収する場合もあります。

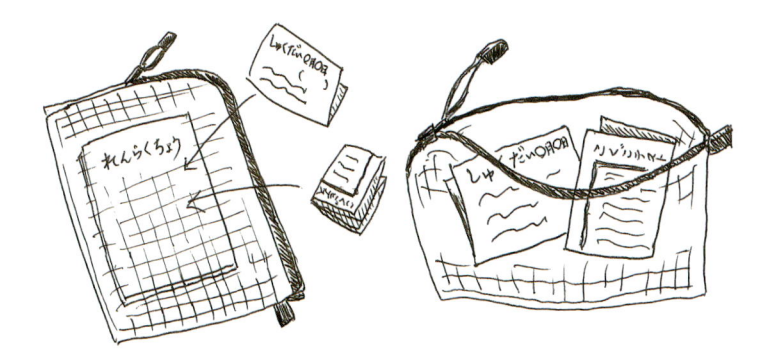

連絡帳の入った連絡袋に入れる。
袋に入れたあとも、おおよそ それと分かる。

第Ⅱ章　教室インフラ整備　実践編

12 手紙・プリントの配布⑥
黒板にずらり「干物型」配布

手紙を配るときは、何種類の手紙を、どの順番で配るか明示します。
「もらい忘れ」や「家庭実数の誤配」を防ぐことができます。

本物＆番号＆「お家マーク」

手紙を配る場合、次のように行うのはいかがでしょうか。
　①　配布する手紙・プリントをマグネットで黒板に貼る。
　②　それらに番号を振る。
　③　家庭実数の手紙には「お家マーク」を表示する。

たとえば、週末、次の5種類のプリント・手紙類を配るとします。
・宿題プリント
・学級通信
・週の予定表
・学校だより
・チラシ（サッカークラブの誘いや、展示会の広告など）
　　　　　　　（金曜日など週末は大量の配布物があるものです）

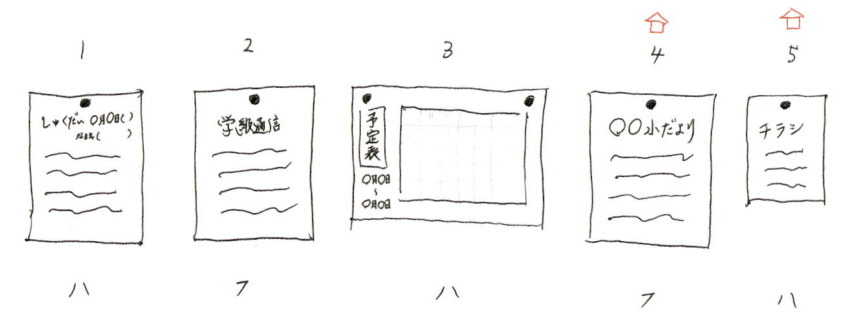

黒板にマグネットで貼ったときの図。

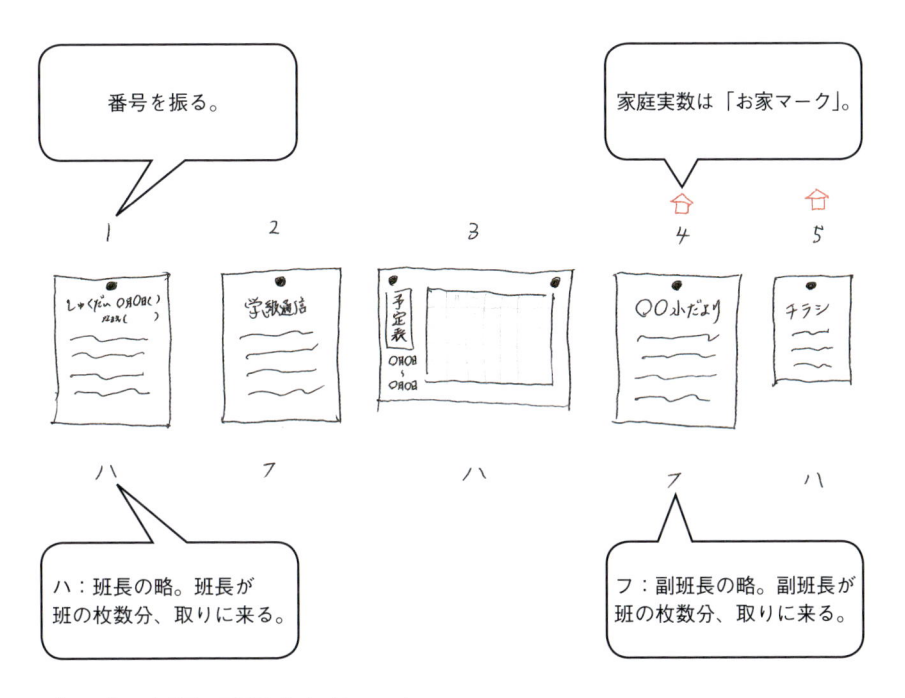

第Ⅱ章　教室インフラ整備　実践編

番号を振る。

家庭実数は「お家マーク」。

1　　2　　3　　4　　5

ハ　　フ　　ハ　　フ　　ハ

ハ：班長の略。班長が班の枚数分、取りに来る。

フ：副班長の略。副班長が班の枚数分、取りに来る。

「1番、宿題。班長さんおいで」
「次、2番、学級通信。副班長さんどうぞ」
というように、1番から順に、班の代表者に取りに来させます。

3枚の手紙を配布したとき。
2番が「お家マーク」。

12　手紙・プリントの配布⑥　黒板にずらり「干物型」配布　●167

第Ⅲ章

プラスとマイナスの教室インフラ整備

第Ⅲ章　プラスとマイナスの教室インフラ整備

1 教室環境整備には、足し算と引き算がある

教室インフラ整備には、足し算と引き算があります。
両者の特性を知り、バランス良く行っていくことが大切です。

足し算と引き算の教室インフラ整備

教室インフラをより良くするための方法は、二つあります。
足し算的方法と引き算的方法です。

足し算（プラス　＋）の教室インフラ整備

足し算的方法とは、新たに物を増やすことで、
教室を美しくしたり華やかに見せたりする方法のことです。
具体的には、教室の壁面や廊下に掲示物を貼ったり、
棚や机の上に花瓶やオブジェを置いたりするなどが考えられます。
明るくて、楽しくて、雰囲気の良い教室にすることが大切です。

引き算（マイナス　－）の教室インフラ整備

引き算的方法とは、モノを減らすことで、
教室をキレイに見せたり、機能的にしたりする方法のことです。
仕事がはかどり、子どもが良く動き、
物事がすばやく処理できる教室を作り出すことが大切です。

足し算と引き算。
この両者の特性を知り、
プラス・マイナスをバランス良く行っていきましょう。
教室に１つ物を持ってくれば、１つ物が増えます。
教室から１つ物を処分すれば、１つ物が減ります。

あなたの教室は何算？

よくある失敗パターンは、次のようなかたちです。

① （年度初め）

　＋、＋、＋、＋、＋、＋、＋、＋、＋、＋、＋、＋、＋ …

　４月から足し算・足し算・足し算…と、ずっと足していく。
　つまり絵や工作、班や係のポスターなど
　物をどんどん飾ったり置いたりする。
　後先のことは、深く考えていない。

② （１学期途中）

　＋、＋、＋　…ストップ!!

　足し算が限界に来た状態。
　すなわち、壁面や棚にスペースがなくなった。
　これ以上、掲示することができない。

③ （１学期途中〜２学期始め）

　－、＋、－、＋、－、＋　…

　次の作品を飾らねばならないので、
　その分だけ掲示物をはがす。（－）
　空いたスペースに、また新しいものを貼る。（＋）

④ （３月末。下手すると春期休業中）

　－、－、－、－、－、－、－、－、－　…　まだ終わらない！

　年度末に、どっと引き算。
　すなわち、年度が替わるので、
　教室内のモノを全て、撤去せねばならない。
　飽和状態まで物が溢れているので、なかなか片付かない。
　修了式後も片付けは続く。

1　教室環境整備には、足し算と引き算がある

第Ⅲ章　プラスとマイナスの教室インフラ整備

2 教室は人の体と同じ

食べたら、出すのが健康的な体です。
お腹いっぱいではなく、「腹八分目」を心掛けましょう。

教室は人の体と同じ。食べたら、出す。

「美味しく食べ、すっきり出す」
これが健康的な体の基本でしょう。
前ページの教室の例を、人の体で置き換えて考えましょう。

① （年度初め）

＋、＋、＋、＋、＋、＋、＋、＋、＋、＋、＋、＋、＋　…
「まだまだ。いくらでも入る！」
多くの物をガツガツと食べてしまう。
排泄も忘れ。

② （1学期途中）

＋、＋、＋　…ストップ‼
お腹がいっぱい、ついに食べられなくなりました。

③ （1学期途中～2学期始め）

－、＋、－、＋、－、＋　…
そして案の定、便秘で不健康な体に。
ちょっと出しては、ちょっとだけ食べる、これを繰り返します。

④ （3月末。下手すると春期休業中）

－、－、－、－、－、－、－、－　…　**まだ終わらない！**
　最後は下剤を飲んで、強制的に中を空にしました…

教室のスペースも「腹八分目」

食べてばかりでは体に良くありません。
適度に食べて、適度に出すことが体に良いに決まっています。

食べたら、出す。
満腹は良くないから、腹八分目を心掛ける。
教室も、一緒じゃないかと思います。

教室後方。まだ食べられる状態（スペース）をキープ。

手前は教師の机。よく食べ、よく出す。それでいて帰りには、空腹だ。
奥には別腹の棚がある。こちらも1日の終わりは常に、空腹をキープ。

第Ⅲ章　プラスとマイナスの教室インフラ整備

3 足し算の整備①
想像画を創造する 「不思議な魚」

確保しておいた大きなスペースを使うときです。
プラスの教室インフラ整備の一例を紹介します。

1年生　想像画「ふしぎな魚」

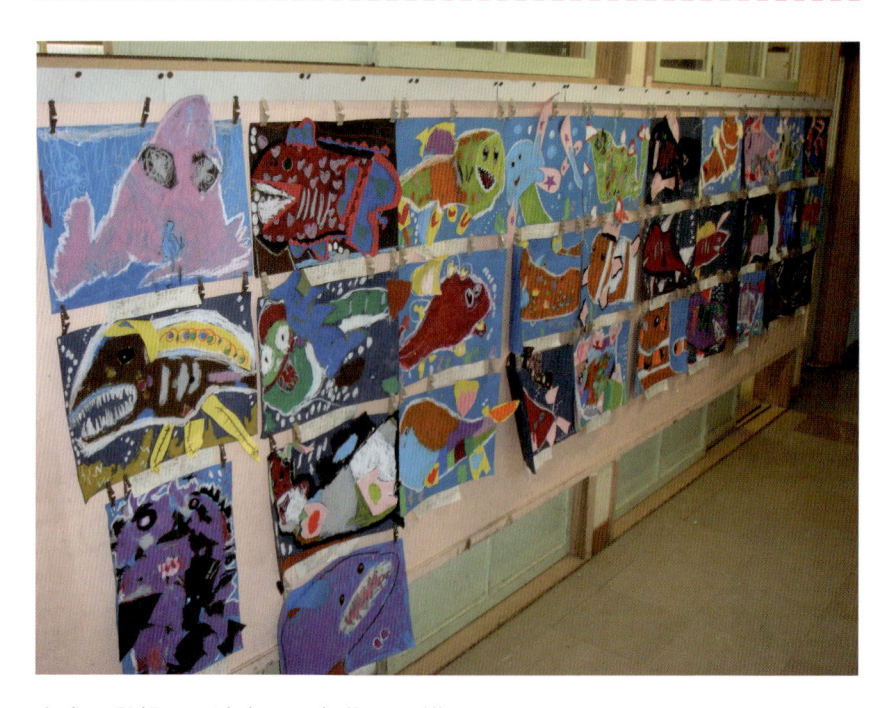

自由な発想で、迫力ある想像画を描かせたい！
ずっと、そう思ってきました。

子どもたちは、思いを画用紙いっぱいにぶつけ、表現しました。
クレヨンをふんだんに塗り込んで描きました。

第Ⅲ章　プラスとマイナスの教室インフラ整備

大型肉食魚、深海魚、観賞魚…
子どもたち一人ひとりが考えた、自慢の魚たちです。

なお、廊下に掲示する際には、
作品が傷まないよう、
土台や二段クリップの三点留めなどで工夫しました。

最後は「オリジナル・うみもんカード」として、カード化。
自分たちの作品がカードになり、
バトルをしたり、トレカをしたりと、大喜びの子どもたちでした。

3　足し算の整備① 想像画を創造する　「不思議な魚」

第Ⅲ章　プラスとマイナスの教室インフラ整備

❸ 足し算の整備②
1年生の卒業制作「貼り絵」

年度末に1年生の「卒業制作」を作りました。
しっとりした雰囲気の中、作品が完成しました。

1年生　卒業制作　貼り絵「さようなら1年〇組」

色画用紙をちぎって貼っていきました。
1年間の思い出を画用紙に表現します。

最後に目を貼って、完成としました。
教室が涙であふれた瞬間でした。

(参考) 学級通信より

しっとり

初声小学校　1年1組　学級通信(不定期発行)　NO.38　平成24年3月2日

うるう と うるう

２０１２年　２月２９日。
本日は閏年（じゅんねん・うるうどし）の、閏日（じゅんじつ・うるうび）。
「４年に１度です。貴重な日。なんで うるう って言うかは、また後で教えますね」
朝の挨拶で、今日は閏日であることを簡単に紹介。
いつものように授業に入りました。

２・３校時は図工。
貼り絵「○○しているぼく・わたし」がついに完成しました。
８時間かけてつくった、超大作です。

作品中のぼくとわたしは、折り紙・あやとり・カードなどを持っています。
揺れる髪。交錯する腕。ものをつかむ指。口の開き。目線。
動きや表情のある作品に仕上げるべく、パーツごとに丁寧に指導しました。

完成前、最後の２時間。まず、黒目を入れます。
「白目のなかに、黒目があるでしょう？　黒目はね、みんなが思っているほど小さ
　くないんだよ。たいていの場合は　ほら、白目が見えないくらいに大きいんだ」
おとなりどうし、見つめ合い確認させます。
「それから、みんなの黒目のなかって、綺麗に光っているんです。
　白や茶色、青とかが入ってる。うわ、みんなの瞳は、すぅごく綺麗だねえ」
子どもの目って、本当にキラキラしているんですよね。不思議なくらい。
一人ひとりの目を見ながら、茶色や青の色画用紙をちぎって配ります。
眼は心。大事に、そして慎重にやらせました。
「俺の、先生にイケメンって言われた」「私のは、美人だって♪」

最後の１時間は、メッセージ。
画用紙の余白に、１年１組の卒業制作としてふさわしいことばを入れさせました。
「卒業制作って、意味分かりますか？　１年１組はあと十何日かで終わり。みんな
　とは、もう さようなら ってことです。さようならの作品だってことです」
「えー、そんなことないですけどー。クラスがえしても魚カードだってできるし」

「それは分かりませんよ。夏来先生が1年担任じゃなかったら、魚カードもできないかもしれない。突然地震や事故に襲われて、先生いなくなっちゃうかもしれない。とにかく絶対大丈夫ってことはない。少なくとも、クラス替えはあります。このクラスは、あとちょっとで終わりなんです。大好きなお友だちとも離ればなれになっちゃう。分かりました？ そういう気持ちで書いてくださいね」

子どもたちに動揺が走ります。
「先生、○○が泣きそう」「先生、△△も なんか うるうるしてる」
え、本当に？ どうしたのと聞くと、私やみんなと離れるのがさびしい、と。
しまった、脅かし過ぎたかな。しかし、そう思われるのは有難いことです。
「泣いてる！」「□□も泣いてる！！」
ひとり、またひとり。
教室中が涙に包まれました。
子どもたちは泣きながら、メッセージを書きました。

両親へ。担任へ。クラスメイトへ。
それぞれが思いおもいに、感謝の気持ちや次年度への抱負を書きました。
一部、紹介します。

・さらば先生へ　いつもありがとう！！
・なつる先生さようなら　ウミモンカードつくってくれてありがとう
・いっしょうわすれない
・おかあさん　いつもたいへんだけど　がんばってね
・おとうさんへ　いつもかいしゃ がんばってる？
・2年生になってもがんばります
・1年1組　そつぎょう おめでとう
・なつる先生　100さいまで　生きられますように
・みんなと はなれるのが いやだけど　2年生になっても がんばろう
・おかあさん いつも りょうり つくってくれて ありがとう
・さかなカードは ぜったいに なくしません
・一年一組のみんなで あそんで いっしょに たいいくして みんなで じゅぎょう
　したよね　2年生になっても　がんばろうね
・みんなへ　1年間 ありがとう なにがあっても みんなで たすけあってきた
　みんなありがとう 2年生になっても がんばろう みんな バイバイ

なんて優しい子どもたちだろう。
私も うるうる ときました。

2月29日、閏（うるう）の日。
涙をあらわす「潤」（うるう）と字が似ていることから、
「うるう」と呼ばれるようになったそうです。

(しっとり)

178

コラム

しっとり

初声小学校　1年1組　学級通信(不定期発行)　最終号　平成24年3月23日

ゆめ

高学年を担任したときに　しばし、「努力」の話をします。
そちらを少々。

「自分が努力しているという自覚なしに努力している状態のこと。
　　これこそが本当の意味での努力である」

幸田露伴は『努力論』という著作のなかで、そのように説くのです。
夢中になって努力しているとき、本人は「自分は頑張っている」なんて
これっぽっちも思っていません。
ただ、楽しいからやっているだけ。結果として、それが周りには　努力　と映るだけ。

私は勉強が大好きです。
教師になってからですが、勉強の楽しさに気づきました。
それまで本を読まず、父親に怒られてばかりでしたが、教師になってからは本の虫。
多いときは年間1000冊以上読みました。本代は当時、月10万を越えました。
父からは反対に、「本ばかり読んで、大丈夫なのか！？」と心配されるように。
しかし自分は勉強するのが楽しくてたのしくて、仕方ないのです。
教材を作ったり、授業の腕を磨いたりする時間が　たまらなく幸せでした。
もちろん、努力しているなんて、これっぽっちも思ったことはありません。
ただ、夢中になっていただけ。

努力の「努」を辞典で引いてみましょう。次のような読み方が出てきます。
「ゆめ」
努力とは、夢と同義なのですね。

「子どもが夢中になれるものを。本人に努力の自覚なしに」
そんなことを念頭に置きながら日々、子どもたちとかかわってきた次第です。

ありがとうございました。

　　　　　　　　　　　　　　　　　　　　　　　　　　　　（しっとり）

平成24年（2012年）3月23日　著者、最後の学級通信

第Ⅲ章　プラスとマイナスの教室インフラ整備

3 足し算の整備③
図工作品のリズム化

個々であった作品が、揃えることで新しい価値を生むことがあります。
リズム・ボーナスを積極的に利用しましょう。

3つ揃えばリズム。

音楽や生活習慣など、時間に限ったことだけがリズムではありません。同じように揃えれば、空間にもリズムが生まれます。
3つ揃えば、3つ連続すれば、そこにはリズムが出来るはずです。

「運動会」をテーマにした俳画（俳句と絵画）。1年生。
赤・青・黄色、自分たちの運動会の色で描いた。
同じテーマで学年ずらりと廊下に並べると、集団美が生まれる。

１＋１＋１＝３＋α　それがリズムという付加価値。

個々の作品が、力を合わせると不思議、
大きな全体作品のように感じられます。
歩調を合わせた１＋１＋１は、３にも４にも価値が膨らみます。

同じく、学年で揃えた運動会の俳画。１年生。
菱形で整然と並べられた掲示物は、まるで大きな「組み体操」。

リズム・ボーナスのゲット法

・同じ色で揃える	→ 色のリズム
・同じかたちで揃える	→ かたちのリズム
・掲示の仕方を揃える	→ 掲示法のリズム
・学年で揃える	→ 学年のリズム
・全校で揃える	→ 全校のリズム
・掲示時期を揃える	→ 時期のリズム

３つ以上揃えると、そこにはリズムという付加価値が生まれます。
私はそれを「リズム・ボーナス」と呼んでいます。
クラスだけでなく、学年・学校への保護者の信頼感も上がるでしょう。

第Ⅲ章　プラスとマイナスの教室インフラ整備

3 足し算の整備④
全校リズム・ボーナス

リズムのない掲示は、「打ち上げ花火」で終わります。
リズムのある掲示は、地域・保護者にも評価され、代々続きます。

リズムある掲示は、喜びも無限大！

自分のクラスだけ良ければいい、という姿勢では長続きしません。
学年、そして学校全体で取り組めば、保護者は安心します。
楽しさや喜びも、何倍・何乗へと膨らみます。

秋の俳句（俳画）。1年生。全校の取り組みだ。廊下にずらっと並ぶ。

冬の俳句（俳画）。2年生。後輩たちがリズム掲示をどんどん進化させていく。

なぜ揃えることが大事なのか？

もしも、自分のクラスだけの掲示だとしたら、どうでしょう？
（もちろん単級の場合をのぞきます）
廊下の掲示を見た他クラスの保護者は、どう思うでしょうか。
「どうして○○先生のクラスだけ？」
「指導の違いで、こんなにも差が出ていいのですか？」
良かれと思って掲示したはずなのに、
他クラスの保護者は、学年の先生に対して、不信感を持つでしょう。
学年の先生も、同様にあなたに不信感を持つかもしれません。

作品は、学年で揃えて掲示しましょう。
題材、色画用紙の色、掲示方法、掲示時期等を揃えます。
集団美、色の調和、全体模様、一体感、学年の団結力といった、
「リズム・ボーナス」を形成することができます。
学年からさらに発展して、全校で揃えることができたら最高です。
自分のクラスだけでは決して味わえなかった快感が、そこにはあります。

学年掲示・全校掲示のポイント

ただ、揃えましょうと言っても、なかなか伝わらないものです。
次のようなことを意識してみましょう。

・見本を予め、数点　作る	→ 図工が苦手な先生も安心
・画用紙を統一	→ リズムが生まれやすい
・学校開放週間にぶつける	→ 保護者・地域の信頼度アップ

職員会議で提案できればベストです。
まずは、先生方の机に、ペラ１枚を置いてみるところから始めましょう。
たとえば、次のような題材ネタのプリント作成し、
「良かったらどうぞ」と配ってみるのはどうでしょうか。

教職員向け　配布資料（1）

初小俳句（俳句・俳画）ネタ　3/4 なつる
～参考になれば幸いです～

◇ 字よりも、絵を先にかく　→　絵が大きくなり、迫力を増す。
（俳句）

字が先だと…　　絵は字のすき間に。遠くから見ると、さびしい絵になりがち

絵を先に描けば…　迫力のある俳画ができる
（文字は五・七・五でおさまらないこともある）

どーん!!

◇ 絵は紙からはみ出るように描く　→　結果として大きな絵になる。
「大きく描きなさい」と言ってもダメ。子どもは不安だから、全体を描こうとして、結果として、小さい絵になる。

見えない部分があることで、広がり・奥行き・大きさを想像する絵になる。

教職員向け　配布資料（2）

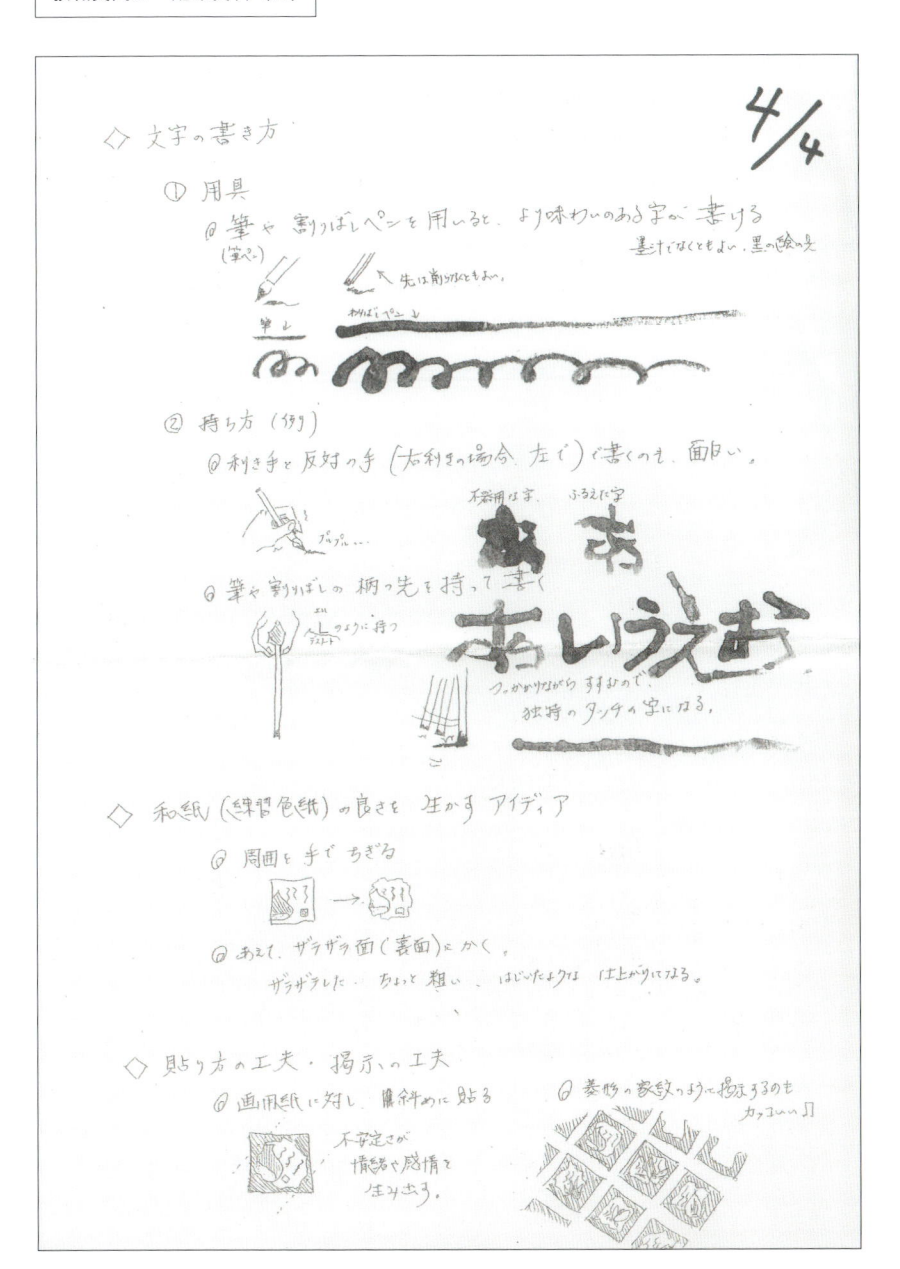

◇ 文字の書き方

① 用具

● 筆や割りばしペンを用いると、より味わいのある字が書ける
墨でなくとも、黒の絵の具

（筆ペン）
先は削ってもよい。
筆　　あ
わりばしペン　　あああああ

② 持ち方（例）

● 利き手と反対の手（右利きの場合、左で）書くのも、面白い。
ブルブル…
不器用な字、ふるえた字
あ　あ

● 筆や割りばしの柄の先を持って書く
つまんで持つ
ぐらつきながら進むので、独特のタッチの字になる。
あいうえお

◇ 和紙（練習用紙）の良さを 生かす アイディア

● 周囲を手でちぎる

● あえて、ザラザラ面（裏面）にかく。
ザラザラした、ちょっと難しい。はじいたようなカスレができる。

◇ 貼り方の工夫・掲示の工夫

● 画用紙に対し、斜めに貼る
不安定さが情緒や感情を生み出す。

● 菱形の家紋のように掲示するのもカッコいい♪

第IV章

教室インフラ整備と仕事術

第Ⅳ章　教室インフラ整備と仕事術

1 あなたの「脳内メモリー使用率」は、何％?

机の空きスペースは、脳内メモリーを映し出す鏡です。
机の上をきれいにすることで、仕事の作業効率を上げましょう。

①　メモリーは作業場。スペースが狭くなると、効率が下がる。

机の上ではなく、ここでは先にパソコンの話をしましょう。
パソコンの中には、「メモリー」と呼ばれる記憶装置があります。
プログラムやデータを読み出したり、書き込んだりする場所のことです。
メモリーとは、いわば「作業場」だと言えます。
「まな板の大きさ」「机の上の広さ」に例えられることもあります。

まな板が小さかったら、その上で大きな魚を捌くのは難しい。
机の上のスペースが狭かったら、仕事をするのは、やはり難しい。

同時に多くの作業をすれば、当然大きな作業場が必要になります。
インターネット、動画編集などたくさんのソフトを立ち上げながら、
文字を打とうとすると、文字変換がゆっくりになることがありますね。
あれは、メモリーという作業場がいっぱいになっている証拠です。
パソコンのメモリーが残り10％もないはずです。

文字を打つための作業効率を上げるためには、そう—。
インターネットや動画編集などのソフトをいったん閉じれば良いのです。
パソコンで作業をする場合、
　「今、どれくらいメモリーを使っているかな？」
と意識することが大切です。

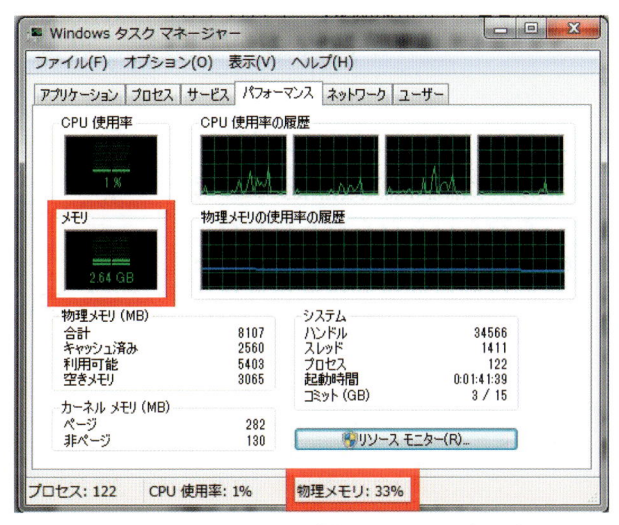

パソコンのタスクマネージャー。「物理メモリ○％」と表示される。
100％に近ければ、作業場が残っていない証拠。
動作はかなり遅くなり、「フリーズ」することもしばしば。

②　脳や心は目に見えないが、机の上は目に見える。

パソコンの世界で、メモリーが「机の上の広さ」だとするならば、
現実の世界においても、机の上の広さを確保することが大切になります。
メモリーの使用率を下げることで、パソコンと同様、
私たちの作業効率も上がることは想像に難くありません。

書類、ファイル、教科書、指導書等であふれかえった机。
テストの丸付けをし、成績表に転記するのにも時間がかかります。
コーヒーカップを置けば、こぼれるリスクも高まるでしょう。

私たちの脳や心は、最新式のパソコンよりも もっと複雑でしょう。
もちろん、中を覗いて見ることはできません。
しかし、机の上なら―。
見ることも、片付けることも 可能です。

「とりあえず 机の上(だけ)が きれいになった 私」

　教師になって3年目、まだまだ未熟な私ですが 以前と比べひとつだけ、目に見えて変わったことがあります。それは机の上がきれいになったということです。
　それまでの私の机はいわゆる山脈状態でしたが、それを気にとめたことは一度もありませんでした。ぐちゃぐちゃになっていることを指摘されると、「う〜ん、言われてみるとそうかもしれへんな」と思う程度。叱られ、一時だけきれいになっても 数日後にはまた元通り。「きれい好きな人は他人の机にまで干渉するから困る。放っといてくれい」とまで感じていました。
　そんな私ですが、『気がつくと 机がぐちゃぐちゃに なっている あなたへ』という本に出会って、考え方が変わりました。購入のきっかけは、本の帯に書かれている「整理できないのではなく、してないだけ、なんて思っていませんか？」ということばにひっかかったからです。まさに自分のことだったのです。「整理整頓なんて、きれい好きのすることだ」「自分はB型だ。汚かろうが散らかっていようが 気にしない、構わない」「机の上がきれいかそうでないかは、性格の違いによるものだ」…ずっとそう思っていた自分にとって、このことばは衝撃的でした。
　本に書かれていて、私がグサリと感じた点をいくつか挙げてみましょう。

- 捜し物をするためだけに人は1年間に150時間も浪費している。捜し物をせずに済めば、毎年ほぼ1ヶ月分の時間が浮く。
- 6ヶ月以上保存しているものの95%は 実はゴミである。
- 整理ができない人たちの最大の過ちは、いつでも必ず「あとで」があると信じていることだ。実際には「いま」か「もう手遅れ」のどちらしかない。
- 「もったいない」「後で使える」と、捨てずに取っておくものの大半は不要なものである。それらは物理的に場所を取るだけでなく、同時に心理的スペースをも奪ってしまう。不要なものを捨て去ることで、心理的スペースを占めていたゴミもなくなり、仕事がはかどるようになる。
- 必要なときに見つからないものなど、ないのも同然である。

　机の上がきれいなことと、仕事がはかどることとが 私には繋がっていませんでした。きれいなほうが得をすると知って初めて、自分の部屋も片付けるようになりました。
　机に限らず、教室、廊下、校庭…と、きれいなほうが得をするのですね。まだまだ私は十分でないので、きれいで得をする学校めざして、精進しようと思います。

（鈴木　夏来）

（校内の研究通信より。教職3年目のときのレポート。）

第Ⅳ章　教室インフラ整備と仕事術

恥ずかしながら、私の机は2年以上「山脈状態」でした。
机の上に書類を立て、置ききれなくなると、上に平積み。
平積みの書類を土台に、またその上に縦置き。
隣や向かいの先生の机に、しばし「雪崩」を発生させていました。
一冊の本と出会ったことで、机がきれいになります。

3年目の私の職員室机。物を置かなくなった。

教室の机の上。基本的に何も置かない。心にも余裕が生まれた。

1　あなたの「脳内メモリー使用率」は、何％？　●191

第Ⅳ章　教室インフラ整備と仕事術

2 外付け棚でメモリー増設

机の空きスペースが少なければ、「外付け棚」で補いましょう。
宿題や連絡帳の仮置き場としても活躍し、作業効率が上がります。

スペースがなければ、作ればいい。仮置き場として大活躍する。

メモリーとは、「作業机」や「まな板」である と前項で触れました。
まな板である机の上がいっぱいになったら、片付ければ良い、と。
では、そもそも まな板が小さかったらどうすれば良いのでしょうか。
あるいは、まな板の上に、次から次へと食材がやって来たら？

それを処理する暇も時間もありません。
イワシやアジなどの小さい魚を捌いたとしても、魚の量が多ければ、
まな板の上は魚で すぐいっぱいになってしまいます。
同様に、昨日の宿題や欠席を知らせる連絡帳、
その他 教師への提出物がたくさんあったら、
教師の机など、すぐにいっぱいになるでしょう。
教師の机に、どうしてもスペースを確保できない場合、
どうすれば良いのでしょうか。
答えは簡単です。

外付けの机や棚を用意すれば良いのです。
パソコンで例えるならば、「メモリー増設」や「外付けメモリー」。
教師の机のそばに、もう一つ、棚を備え付けましょう。
棚がなければ、棚のそばに教師の机を持ってくるという方法もあります。
あるいは棚や別の机、空きスペースを余分に設け、仮置き場とします。
棚が用意できなければ、児童机やオルガンなどでも良いでしょう。
あくまで仮置き場ですから、すぐ空にするのが鉄則です。

第Ⅳ章　教室インフラ整備と仕事術

棚：仮置き場スペース
丸付けを待つ答案、
返事が必要な連絡帳を一時的
に置いておく。

机：作業スペース
テストの丸付け、
連絡帳の返事 等。

教師の机（手前）と、「外付けメモリー」の棚（奥）
教師の机で丸付けなどの作業を行う（メインメモリー）。
棚のそばに机を配置し、両者間のモノを行き来しやすいようにした。
棚は、後回しにするものの「仮置き場」として使用する。
たとえば、朝、机の上に置かれた欠席児童の連絡帳を
仮置き場の棚へといったん避難させる。
　（ほかの子に連絡帳のプライベートな内容を読まれるリスクも減る）
帰りまでに返事を書く。
仮置き場の棚は、下校時には必ず空になる。
空の棚に連絡帳が置かれているので、「返却忘れ」が激減する。

2　外付け棚でメモリー増設

第Ⅳ章　教室インフラ整備と仕事術

3 外付け棚はチェックリスト

外付け棚をチェックリストの代わりに使いましょう。
残っている仕事が一目で分かります。

①　外付け棚で、やるべき仕事が見える。

物が「ある」「ない」の二択しかない外付け棚。
物があれば、やることが あり、
物がなければ、やることは ない。
こんなにシンプルで美しいチェックリストはありません。

②　棚が空になれば、手紙の配布は終わり。

外付け棚に、その日に配るべき手紙を置きましょう。
棚に手紙があるのですから、それは配るべき手紙ということです。
「うっかり配り忘れ」が激減します。
なお、その日に配らない手紙は、外付け棚に置いてはなりません。
混在し、うっかり配ってしまうおそれがあるからです。

③　棚が空になれば、宿題の丸付けは終わり。

その日に丸付けを行い、返却したいプリントやノートを置きます。
棚が空になれば、その日の丸付けは完了です。

④　棚が空になれば、連絡帳への返事は終わり。

棚が空になれば、連絡帳への返事は終わったことが分かります。

⑤　棚が空になれば、その日の教室での仕事は終わり。

全て空になれば、教室を後にして良いということが分かります。
職員室では、職員室でしかできない仕事に集中できます。

第Ⅳ章　教室インフラ整備と仕事術

> おや、返却すべきプリントがあるぞ！
> （忘れていた…）

> 棚を見れば、一瞬でやることが分かる。
> （思い出す）

「作業効率を上げるために、空棚を机そばに用意しよう」
「空棚は、あくまで仮置き場。置きっ放しにしないよう気を付けよう」
「手の届きやすい、3段分を空棚に決めた。1年間、空っぽにするぞ」
そう思って始めた外付け棚ですが、思わぬ副産物が生まれました。
それは、自分の仕事が目に見えるようになった、ということです。

今までは、やるべきものと、保管しておくものが混在していました。
机の上には、丸付けをすべき宿題があれば、保管すべき指導書もある。
棚の中には、配るべき手紙があれば、保管すべき書類もある。
それらをいちいち手に取って、「これは今日配る」「こちらはそのまま」
とあれこれ考えながら仕事をしていたのですね。
何をやるにも あっちこっちへ注意が飛び、忘れっぽい自分。
大事な手紙を配布し忘れ、謝罪したり、家庭訪問して配ったり。
丸付けが追いつかずに深夜遅くまで残ったり、持ち帰ったり。

外付け棚にやるべき物を置くことで、忘れっぽい自分でも、
やるべきことが目で見て分かるようになりました。
外付け棚は以降、欠かせないものになっています。

3　外付け棚はチェックリスト

第Ⅳ章　教室インフラ整備と仕事術

4 後方棚で学級メモリーを診断

教室後方の棚が埋まっていれば、余裕のないサインと受け取れます。
棚の上をきれいにして、心にもゆとりを持ちましょう。

余裕がない教室の後方棚は、物で埋まっている。

先生方の教室を見る機会が多々あります。
若い先生の教室に、ベテランの先生の教室。
評判のクラスの先生の教室に、厳しいと言われる先生の教室。
たくさんの教室にお邪魔しました。
そして学級経営が苦しいと言われている先生の教室には、
共通するものがあることに気づきました。

それは、「後方棚の上がぎっしり埋まっている」ということです。
教室の後ろの棚を子どものスペースとするか、教師のスペースとするか、
どちらの考え方もあります。
しかしどちらにせよ、棚が埋まっているという事実があるということ。
パソコンの場合、メモリーが不足すると、動きは鈍くなります。
やがてはフリーズを繰り返し、動かなくなるかと思います。
教室後方の棚が、教師や子どもたちの脳内メモリーの鏡だとしましょう。
メモリーが不足すれば当然、教師も子どもも動きが鈍くなります。
指示命令を出そうが、なかなか実行に移せません。
棚が埋まっているからクラスがうまくいかないのか、
クラスがうまくいかないから棚が埋まるのか、
どちらが先なのか私には分かりません。
しかし、教師も子どもも、余裕がなくなっているのでしょう、
後方の棚は、ぎっしりと埋まっているものです。

196

汚い教室にも達人教師はいるが、美しい教室の学級崩壊はない。

しかしながら、面白いケースもあります。
それは、後方の棚に山のように荷物が積まれていようとも、
問題なくうまくいっているクラスも、確実に存在するということです。
担任教師の腕前や魅力が、そうさせるのでしょうか。
まったくもって、羨ましい限りです。

棚の上が埋まっていようが、クラスがうまくいく凄い先生も確かにいる。
しかし、クラスがうまくいかないのに、棚の上がきれいな先生はいない。

強烈な個性や素敵な人柄、即興性溢れるテクニック等に乏しい私は、
棚の上をきれいにすることをいつも、心掛けています。

第Ⅳ章　教室インフラ整備と仕事術

5 後方棚を子どもたちの増設メモリーに

後方の棚を子どもたちの作業スペースとして活用しましょう。
子ども用「増設メモリー」により、子どもの学習を豊かにします。

後方の棚を使わせると、子どもたちの自由な活動がはかどる。

後方棚は、便利なスペースです。
横幅があり、奥行きもあります。
魅力的な空間ですが、それだけに すぐ埋まってしまいます。
教師の荷物ならば、たとえば引っ越し用段ボール。
昨年度の教室から持ってきた、私物の書籍や教師用参考書。
それらを並べれば、あっという間にスペースは埋まるでしょう。
子どもの荷物ならば、たとえば絵の具セットや習字セット。
ずらりと並べれば、4月第2週でおそらく置き場は なくなるはず。

「空間は、お金と同じ」
そう言い切る人さえいます。
スペースは、代えがたい貴重な宝だということでしょう。
たしかに、大切な空間を、瞬時に使い切るのは、もったいないこと。
貴重な後方棚を100％使い切るのではなく、半分でも4分の1でも、
空きスペースとして残しておきましょう。
そしてその空間を、子どもたちの作業スペースとして解放するのです。
たとえば、多種多様な虫かご置き場として。（毎日持ち帰る）
たとえば、係・会社の受け付け場所として。（活動がない日は片付ける）
共用スペースですので、短時間での使用が原則です。
みんなの広場なので、私物を置きっ放しにする子もいません。
後方棚は、自主的かつ創造的な学びを保障する場となるでしょう。

第Ⅳ章　教室インフラ整備と仕事術

後方棚の上を、子どもたちの自学自習スペースとしたときの写真。

「うみもんカード」という魚のカードを集めるため、
調べ学習に明け暮れる子どもたち。
後方壁面に掲示された「レア・うみもんカード」をゲットすべく、
持参した図鑑を片手に、用紙に絵や文章を記入する子どもたち。

机がわりに本や図鑑を広げたり、絵や文章を書いたりできるのは、
後方棚に空きスペースがあるからだ。
なお、「うみもんカード」の調べ学習のため、教室を訪れる児童は、
隣のクラスはもちろん、1年生から6年生まで、全校に及んだ。

異学年の児童が安心して勉強できるスペースがあるため、
このクラスの子の机を占拠してしまうようなトラブルがなかった。

5　後方棚を子どもたちの増設メモリーに　199

第Ⅳ章　教室インフラ整備と仕事術

❻ 後方棚を子どもの作品「仮」置き場に

後方の棚の上は、あらゆることに使える貴重なスペースです。
子どもの作品を置くときは、一時的な使用にとどめましょう。

後方棚に作品を置く場合、あくまで「仮」置き場とする。

後方の棚を子どもの作品「仮」置き場として活用しましょう。
あくまでも「仮」の置き場であることが大切。
子どもの図工作品や生活科の作品は、数が多く、嵩も大きいだけに、
たくさんのスペースを必要とします。
貴重な子どもたちの「教室メモリー」を大量に消費するということです。
他教科の活動や、給食・掃除などにも支障をきたす恐れがあります。
たとえば、30個以上の子どもの図工の作品がずっと、
棚の上に置かれていたと仮定しましょう。
すると、次のような事態が想定されます。

・その間、生活科の作品を置くことができない。
・その間、理科で使用する実験工作を置くことができない。
・その間、給食配膳時のお盆や蓋を置くことができない。
・その間、棚の上の雑巾がけができない。
・その間に、子どもが誤って作品を破損してしまった。
・その間に、子どもが誤って作品を紛失してしまった。

それだけに、何日も何週間も作品を置いておくことには注意が必要です。
以下のように使用するのは いかがでしょうか。
・糊付けした作品が渇くまで棚の上に置く。（渇いたら作品を重ねる）
・立体作品は、即日鑑賞、即日返却する。
　（写真を撮り、後日評価する。特別教室などに作品を移動させる）

第Ⅳ章　教室インフラ整備と仕事術

作品の糊付けが渇くまでの「仮」置き場として活用。
（そもそも、スペースがなければ渇かす場所として使えない）

作品が渇いたので、重ねて保管。その場を空けた。
貴重な空きスペースは、また他の活動に使うことができる。

6　後方棚を子どもの作品「仮」置き場に

第Ⅳ章　教室インフラ整備と仕事術

7 後方棚の廊下側は「その日に持ち帰る物」

持ち帰ることを頭で分かっていても、実際できるとは限りません。
持ち帰る物を見えるようにしましょう。

持ち帰る物を「見える化」「焦点化」し、持ち帰り忘れを防ごう。

たとえば学期末。
道具箱や作品などを、持って帰らせる必要があります。
しかしながら、持って帰らせたい子どもに限って、
必ずといって良いほど「落ち」や「抜け」があるもの。
後になって、持ち帰り忘れに気づくことがあるでしょう。

どうすれば、「うっかり持ち帰り忘れ」を防げるのか？
その答えのひとつが、後方棚空きスペースの活用です。
ある一定のスペースを「持ち帰る物の一時置き場」としましょう。
たとえば、廊下側の棚の上。
持ち帰らせる物と、その所持者が、一目で分かります。

インフルエンザ等で、長期に欠席した子どもの荷物も、
同様に後方棚の空きスペースに置きましょう。

一箇所に集めることが「うっかり持ち帰り忘れ」を防ぐ最大のコツ。
散在していると、複数箇所に取りに行く最中に忘れてしまうからです。

後方棚は、「荷物受取所」のようなイメージでしょうか。
一箇所、決まったところにあるから、忘れずに持ち帰ることができます。
荷物受取所が複数あったら、「抜け」や「落ち」が生じかねません。

第Ⅳ章　教室インフラ整備と仕事術

> 廊下そばの棚スペースは
> 「その日に持ち帰るもの」。
> とクラスで決めておく。
> 「うっかり持ち帰り忘れ」に、
> みんなで気づくことができる。

学期末。展覧会に出していた子どもの作品が戻ってきた。
長期休みに入る前に、忘れず持たせて帰る必要がある。
こちらが忘れないよう、廊下そばに寄せておく。

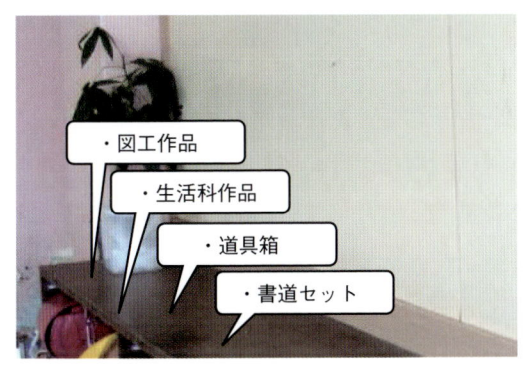

・図工作品
・生活科作品
・道具箱
・書道セット

その日に持ち帰る物を、廊下側の棚に寄せて置く。
残っていたら、誰が持ち帰っていないかが、瞬時に分かる。

「今日は○○と○○を持ち帰りなさい」
と子どもたちに言っても、なかなか伝わらないものです。
以前は、保護者に取りに来させたり、各家庭まで届けたりしていました。

7　後方棚の廊下側は「その日に持ち帰る物」　203

おわりに

週末、佐島漁港そばの魚屋に通うのが日課になっています。
子どもたちが喜ぶからと、魚のカードを作っているうちに、
魚屋に通い詰めるようになったのです。
活きの良い魚を買って、自分でさばいて食べることに夢中になりました。
気がつけば、漁港のそばに新居がありました。
カツオ、キンメダイ、アンコウ、ウツボ、クエ、マゴチ、オニオコゼ。
店に並ぶ魚を一匹丸ごと買って、自分でさばくことにしています。
新鮮な魚を丸ごといただくほうが断然、美味しいからです。

「アンコウを自分で！？　いったい、どうやってさばくの？」
友人がびっくりします。
魚屋でも料理人でもない私に、包丁の腕はありません。
しかしながら、大きなまな板を自分は持っています。
まな板さえあれば、なんとかなるものです。
アンコウは、まな板に乗せて、少しずつ切り分けていきます。
吊り下げる針やロープは、一切不要。
アンコウを置けるスペースさえあれば、まな板の上で構いません。

大量の小さなイワシを買ってきたときは、注意が必要です。
まな板の上に乗せるのは、一匹ずつ。
これが大事。
一匹であれば、細かい骨や皮を取ることにも集中できます。
まな板の上に、一度にたくさんのイワシを乗せると、どうなるでしょう。
短気な私の場合、全くもって集中できません。
もういいや、と途中で放り出してしまうはずです。

おわりに

アンコウを天井から吊り下げ、巧みにさばいていく職人もいれば、
まな板に広げた大量のイワシを、いっきにさばける職人もいます。
そのどちらも、料理の腕がない私には、できないことでしょう。
しかし、大きなまな板があれば、魚はさばけるのです。
まな板に一匹ずつ乗せていけば、美味しい魚が食べられるのです。

これからも、大きな魚をさばこうと思います。
小さな魚も、たくさんさばけるはずです。

大阪府教育委員長の陰山英男先生には、
「スピード」や「集中」について、
身をもって教えていただきました。
私は、強く影響を受けました。
ありがとうございました。

平成27年（2015年）3月吉日

徹底反復研究会　横浜支部　鈴木　夏來

著者紹介
鈴木夏來（すずきなつる）
神奈川県三浦市教育委員会教育研究所指導主事。
1974年、神奈川県生まれ。三浦市の公立小学校教諭を経て、現職。
徹底反復研究会、日本教育再興連盟　所属。

監修者紹介
陰山英男（かげやまひでお）
徹底反復研究会代表
立命館大学　教育開発推進機構 教授（立命館小学校校長顧問）
文部科学省 中央教育審議会　教育課程部会委員
大阪府教育委員会委員長
NPO法人日本教育再興連盟 代表理事

※すべて2015年3月1日現在

「徹底反復研究会」のご紹介
徹底反復研究会では、次の3つの目的を柱に、教育活動に取り組んでいます
○読み書き計算の徹底反復を中心とした子どもを伸ばす実践を育てる
○「早寝早起き朝ご飯」など、子どもが学ぶ土台となる生活習慣の確立・改善に取り組む実践を育てる
○子どもを伸ばす実践を共有し、研鑽する
詳しい内容・最新情報は、徹底反復研究会のホームページへ
http://hanpuku.jp/

個人情報について
・本書は個人情報に配慮した作りになっています。
・本書掲載文やイラスト等に登場する児童の氏名は全て架空のものであり、実在するものとは一切関係がございません。

◆87ページ写真提供：三菱鉛筆株式会社

徹底反復研究会叢書②
安心と安全を創る
教室インフラ

2015年4月1日　第1刷発行

著　者／鈴木夏來
監　修／陰山英男
発行者／中村宏隆
発行所／株式会社　中村堂
　　　　〒104-0043　東京都中央区湊3-11-7
　　　　湊92ビル 4F
　　　　Tel.03-5244-9939　Fax.03-5244-9938
　　　　ホームページアドレス　http://www.nakadoh.com

編集協力・デザイン／有限会社レディバード
印刷・製本／シナノ書籍印刷株式会社

◆定価はカバーに記載してあります。
◆乱丁・落丁の場合はお取り替えいたします。

ISBN978-4-907571-11-5